DAS DEUTSCHE WOHNZIMMER

Mauve, 1980

DAS DEUTSCHE WOHNZIMMER

Fotografie: Herlinde Koelbl · Text: Manfred Sack

Mit einem Beitrag von Alexander Mitscherlich

Verlag C. J. Bucher
Luzern und Frankfurt/M

Lektorat: Heribert Däschlein, Axel Schenck
Graphische Gestaltung: Hans F. Kammermann

Der Beitrag «Konfession zur Nahwelt. Was macht eine Wohnung zur Heimat?» erschien zuerst 1965 in dem Buch «Die Unwirtlichkeit unserer Städte. Anstiftung zum Unfrieden» von Alexander Mitscherlich. Der Verlag dankt dem Suhrkamp Verlag für die freundliche Genehmigung zum Nachdruck.

© 1980 by Verlag C. J. Bucher, Luzern und Frankfurt/M
Alle Rechte vorbehalten
Printed and bound in Germany
ISBN 3 7658 0351 0

Inhalt

MANFRED SACK	Das deutsche Wohnzimmer	7
HERLINDE KOELBL	Bilder — Eins	21
	Bilder — Zwei	57
	Bilder — Drei	81
	Bilder — Vier	103
	Zu meinen Bildern	132
ALEXANDER MITSCHERLICH	Konfession zur Nahwelt. Was macht eine Wohnung zur Heimat?	135

Das deutsche Wohnzimmer

Was braucht der Mensch zum Wohnen? Er braucht ein Dach überm Kopf, um geborgen zu sein, darunter eine Wohnung, um die Tür hinter sich zumachen zu können. Er braucht ferner einen Stuhl zum Sitzen (und einen für den Besuch), einen Tisch zum Essen, Schreiben, Spielen und Arbeiten, er braucht ein Bett zum Schlafen und einen Schrank für die Siebensachen. Schließlich muß er noch einen Platz finden für die Dinge, die ihm lieb sind und etwas von ihm erzählen, Zeugnisse seines Sammeleifers, Beutestücke seiner Träume, Gegenstände seines Erfolges.

Und so braucht er nach und nach immer mehr, und was er hat, wird immer teurer, schwerer, ungefüger. Der Stuhl schwillt an zum Sessel, breit und bunt, und bildet bald eine Familie, die Couchgarnitur. Der Schrank geht in die Breite und wird zur Schrankwand aus einem Stück mit so vielen Fächern, Kästen, Schüben darin, daß es mitunter Mühe macht, sie auch zu füllen. Aus einem Tisch sind ein paar geworden, und die modernsten sind so niedrig, daß man sich den Bauch einklemmt, wenn man daran sitzt. Und schon wohnt der Mensch nicht nur, sondern gibt mit seiner Wohnung an: Seht, das ist mein Reich, das bin ich, so weit habe ich es gebracht! Unterdessen ist das Mobiliar so voluminös und zahlreich geworden, die Wohnung dabei immer enger, so daß nun ganz deutlich wird: In dieser Versammlung wohnlicher Sachen ist einer zuviel — der Mensch.

Das ist natürlich übertrieben. Aber es ist auch nicht so falsch, wie man möchte. Denn in vielen unserer Wohnzimmer lebt die verdammte «Gute Stube» weiter, dieser aufgeräumte Schauplatz, auf dem die Bewohner vor ihren Freunden, Verwandten, Besuchern (und vor sich selber) Theater spielen, statt diesen Raum wirklich zu bewohnen, zu gebrauchen. Tatsächlich ist die Wohnung nicht nur eine Anzahl von Zimmern, in denen man sich einrichtet und seinen Alltag ordnet, sondern, wie die Kleidung, ein Ausdrucksmittel des Menschen, eine Art von Sprache, in der er sich mitteilt. Sie gibt ihm Geborgenheit, Sicherheit, Beständigkeit, sie ist nach Kräften gemütlich — aber sie erlaubt ihm auch, sich darzustellen, zu präsentieren und sich dabei dem Wunschbild seines Daseins nahe zu fühlen, und das ist fast immer eine Stufe höher, als er auf der sozialen Leiter wirklich erklommen hat.

Die meisten von uns wohnen also gar nicht so, wie sie sind, sondern so, wie sie zu sein träumen oder zu sein behaupten. Nirgendwo machen sich Menschen so viel vor wie beim Möblieren ihrer vier Wände — und ertragen dabei sogar die unbequemsten, steifsten Einrichtungen, bis sie sich darin zurechtgerüttelt haben. Denn wenn sie nur lange genug in einer Wohnung gewohnt haben, sind sie auch bereit, sie zu lieben. Manchmal wundert man sich, wie sich Menschen, die doch die denkenden unter den Wesen sind, kritiklos, resigniert, ängstlich Anordnungen und Bedingungen unterwerfen und «damit zurechtkommen». Ich erinnere mich an einen großen geschlossenen Wohnblock, dessen ursprünglich geräumiger Hof in vielen Jahrzehnten zugewachsen war mit immer neuen Gebäuden und der nun modernisiert, also gelichtet werden sollte. Es ging um einen sich weit nach hinten erstreckenden Seitenflügel, in dessen drei Stockwerken sich drei Wohnungen an zwölf Meter langen Korridoren festhielten. Die Wohnungsbaugesellschaft wollte Nachbarn gegenüber den häßlichen Anblick der langen fensterlosen Mauer nehmen und den Seitenflügel kurzerhand verkürzen. Die Mieter schrien Zeter und Mordio — nicht, weil ihre Wohnungen kleiner, sondern die Korridore kürzer wurden. Zwar waren die Grundrisse ihrer Wohnungen, objektiv betrachtet, miserabel und denkbar unpraktisch. Für ihre Bewohner hatten sie im Laufe der Jahre jedoch, subjektiv betrachtet, eine unvergleichliche Qualität erhalten: Der eine liebte den Flur, weil er für seine Bilder eine wunderbare Galerie abgab; der andere fühlte sich einfach wohl und fürchtete den Wechsel und die neue Gewöhnungsunruhe; der dritte fürchtete, die Klingel nicht mehr zu hören und den Abwasch vor jedem Gast verbergen zu müssen. Alle drei hatten, objektiv, unrecht; alle drei hatten, für sich selber, natürlich recht. Wie eigenartig sich solche Gewohnheiten in einer Persönlichkeit verankern können, machte eine alte Frau deutlich, der das Gehen schwerfällt. Sie wohnte in einem dieser alten, für die in die Stadt strömenden, auf Lohn und Brot hoffenden Arbeiter schnell zusammengeschusterten Miethäuser von 1890, die nun mit bescheidenem Aufwand modernisiert wurden. Doch sie verstand die Fortschrittsgeste einer Toilette in ihrer Wohnung nicht; die alte Frau beharrte auf dem Klo im Treppenhaus. «Wo», klagte sie, «treffe ich denn sonst die Leute?» Das Beispiel, so kurios es auf den ersten Blick zu sein scheint, offenbart eine einfache, von Reinlichkeits- und Fortschritts-Aposteln sicherlich als schmerzlich empfundene Wahrheit: daß sich Wohnqualität nicht abstrahieren, nicht verallgemeinern, also nicht kodifizieren läßt. Kein Gesetz, keine noch so philanthropische Bauordnung kann gerecht vorschreiben, welche Art des Wohnens die allgemein beste sei, die gesündeste, die lichteste, die «menschlichste». Wohnqualität ist nur in Umrissen zu kennzeichnen, den Inhalt definieren Individuen — wenn auch nicht «frei», sondern den Umständen entsprechend, denen sie unterworfen und die ihnen demzufolge zur (lieben) Gewohnheit geworden sind.

Wenn sie aber doch, höre ich die Prediger des Schönen Wohnens stöhnen, dabei ein wenig mehr Geschmack aufbrächten! Aber ist es denn erlaubt, sich über (zugegeben, höchst seltsame, irregeleitete, befremdliche, verdrehte oder einfach schlechte) Geschmäcker lustig zu machen? Erlaubt ist es gewiß. Manchmal ist es hochmütig, meist ist es sinnlos. Denn es gibt ja niemanden, der seinen (natürlich denkt er: guten) Geschmack ganz allein gebildet hätte, niemanden, der sich nicht an Vorbildern orientierte, die er bewundert, und von Leitbildern distanzierte, die er verachtet.

Das tun auch die, die es bestreiten. Sie haben es entweder nicht gemerkt, oder sie schämen sich dessen. Nein, jedermann ist beeinflußt worden und wird obendrein Tag für Tag bombardiert mit den verkaufslüsternen Vorschlägen von Fabrikanten und Händlern, Zeitschriften und Prospekten und fettleibigen Katalogen mit ihren Neid erregenden Bildern und Parolen. Und vom Fernsehen auch, das mit seinen Fersehspiel-Wohnungen, den Talk-Show-Interieurs und den niederträchtig gewöhnlichen Arrangements der Werbung doch zu verkünden scheint: Das ist modern.

Wieviele Wohnzimmer gibt es, in denen die Familie die ganze Pracht, deren sie sich fähig und bedürftig fühlte, versammelt hat, «um sich selbst», wie die Volkskundlerin Ursula Götze sagt, «in seinen Erwartungen und Hoffnungen auf ein geachtetes, anerkanntes oder einfach nur etwas besseres Leben zu bestätigen». Diese feierlichen, schwülstigen, aufgeräumten Arrangements und die überfüllten Möbelszenerien, die man immer zu schonen aufgerufen ist und in denen man sich selber wie zu Besuch vorkommt. Diese aberwitzigen Tapeten- und Teppichmuster, drei, vier, ja fünf und sechs verschiedene nebeneinander in einer Wohnung, nein: in einem Raum, groß und grell und so schreiend dissonant, daß man die Augen vor so viel visuellem Lärm schließen möchte. Diese aufgeplusterten Polstergruppen, in denen Sozialmieter sich wie Villenbesitzer fühlen sollen und womöglich wirklich fühlen. Diese kolossalen Schrankwände, aufgetürmte Barrikaden gegen Gemütlichkeit und Individualität. Und diese Irgendwie-Stil-Möbel, die Zeitlosigkeit und Solidität vortäuschen, aber nach zehn Jahren kaputt sind. Und dann diese Ordnung, die jedes Möbel zur Immobilie macht und an seinen festen Platz befiehlt, auch die Kissen, die gleich nach Gebrauch wieder (wie der Dichter Ernst Pentzoldt sagte) den «exakten Nackenschlag» für die Hasenohren bekommen: zack! Noch gar nicht gerechnet alles das, was eine Wohnung hinter Glas, auf Regalen, in und auf Schränken bevölkert, Trophäen von Beutezügen in die Dingwelt der «Bessergestellten», wie sie eine flinke Industrie produziert: Zinnkrüge, aus denen niemals getrunken wird, ebenso wie Klaviere, auf denen niemals (mehr) gespielt wird und die man sich wie die zimmerwandgroßen Foto-Tapeten mit Alpen-, Nordsee- und Waldszenen nur einfach an die Mauer zu kleben brauchte. Lauter Täuschungsversuche, die der wohnende Mensch mit sich anstellt, auch Selbsttäuschungsversuche.

Also: Kann man wirklich «weiter wohnen wie gewohnt», wie der Deutsche Werkbund in einer Ausstellung fragte in der Hoffnung, die Besucher würden lauthals «nein» sagen? Diese 1907, auf dem Höhepunkt wilhelminischer Wohnprunksucht, von renitenten Architekten, Handwerkern, Industriellen, Politikern, von kulturell aufgeweckten Bürgern gegründete und bis heute aufrecht erhaltene Vereinigung wollte damit «Mut machen»: Mut, sich gegen falsche Leitbilder, gegen die Verführung einer Überfluß produzierenden Industrie und gegen langweilige Gewohnheiten zu wehren. Und: um seine Phantasie anregen zu lassen, vernünftiger zu wohnen, so, wie man eigentlich fühlt, nicht so, wie man tut. Aber es geht dem Werkbund wie einem, der tapfer Wasser in einen durchlöcherten Bottich gießt. Zweitausend Menschen, repräsentativ für alle anderen gefragt, ob sie es nicht einmal versuchen wollten, anders als gewohnt zu wohnen, sträubten sich gegen jedes Experiment mit diesem heiligen Grundwert ihres Lebens, der ihnen nach Gesundheit, Familie und Beruf der viertwichtigste ist. Sie spüren überhaupt keine Notwendigkeit, sich zu korrigieren, an ihrem Geschmack zu zweifeln, sie finden es sogar anmaßend, sie eines besseren belehren zu wollen. Wohnen, sagen sie, lernt man von alleine.

Nun gibt es immer wieder enragierte Philanthropen, die daran nicht glauben, die sich jedenfalls damit nicht zufrieden geben wollen. Die Literatur, die sich mit dem Thema abgibt, ist voll von Klagen wie von Ermutigungen, von bitterer Kritik und von Überzeugungsbemühungen. Sie wendet sich an die Industrie und an die Künstler und Gestalter, an Architekten und Ingenieure und Lehrer, immer wieder hoffend, die Appelle würden auch diejenigen erreichen, welche eigentlich gemeint waren, die Bürger also oder, wie sie heute gewöhnlich umschrieben werden, die Verbraucher.

Etwa um die Jahrhundertwende waren die Reformer rege geworden. Richard Riemerschmid hatte 1907 ein Maschinenmöbel-Programm entworfen. 1908 entwickelte Bruno

Paul ein Programm von Typenmöbeln, Joseph Olbrich richtete ein Arbeiterhaus ein. Es gab eine «Kommission für vorbildliche Arbeiterwohnungen», die 1911 drei Serien von Möbeln zu entwickeln begann. Man bemühte sich um die «Wohnung für das Existenzminimum», um der entsetzlichen Wohnungsnot zu begegnen, und versuchte durch raffinierte Grundrisse aus beschränkter Wohnfläche so viel Platz wie möglich herauszuholen. Mit nicht wenig Stolz glaubte man, die richtigen Möbel für die Arbeiter erfunden zu haben, praktisch frei von sinnentleerten Ornamenten. «Wahrlich», jubelte Marcel Breuer, dessen Bauhaus-Möbel heute späte teure Bestseller geworden sind, «die Stunde ist da, daß der Arbeiter im Bewußtsein des ihm zukommenden Einflusses als Masse den braven Möbelhändlern, die ihn mit bürgerlichem Abfall speisen wollen, rund heraus sagt: ‹Behaltet euren Kram! Wir wollen unsere eigenen Möbel; Möbel, von denen einst die Geschichte sagen soll, daß sie Dokumente der Lebensauffassung und der Energie des zu sich selber gekommenen Proletariats sind.›» Marcel Breuer irrte sich sehr. Aber als das Bauhaus und parallele Strömungen mit neuen, einfachen und gesunden Siedlungen auch auf den neuen Menschen mit neuen Lebensweisen hoffte, als dafür ja auch die neuen, einfachen und praktischen Möbel entwickelt wurden, wollte man, daß damit das alte Jahrhundert überwunden werde. Wieviele Enttäuschungen! «Was wird nicht alles an Gedanken, Hoffnungen, Wünschen, aber auch an Abwehr, Erinnerungsresten und Scheu vor Verletzung der heiligsten Güter wach, wenn man die heutige Wohnung kritisch betrachtet und sie verändern will», seufzte 1924 Bruno Taut, einer der phantasievollsten und leidenschaftlichsten Verfechter des «Neuen Bauens».

«Unzählige Versuche zur Verbesserung sind unternommen, die Architekten haben sich den Kopf zerbrochen, um eine bessere Möbelstellung im neuen Grundriß zu erreichen. Es sind auch viele gute Häuser gebaut — aber», so notiert Taut etwas verzagt in seinem Buch über «Die neue Wohnung», «wenn sie die Leute dann einziehen sahen mit ihren Massen an Möbeln, mit dem unendlichen Krimskrams und Gerümpel, so mußten sie resignieren und sich schließlich damit zufrieden geben, daß ihre Bauten und Siedlungen wenigstens außen ein gutes Gesicht hatten.»

Der gescheite Theoretiker und Kritiker Adolf Behne, Zeitgenosse Tauts, sah das ein bißchen nüchterner. Er entdeckte die «Schuld am Nichtzustandekommen» all der ehrgeizigen Pläne zwar auch bei den Mietern, vor allem aber bei ihren temperamentvollen Beglückern, den Architekten, weil sie immer zu hoch hinaus wollten: «Im Grunde denkt er (der Architekt) noch immer: die Siedlung, das ist mein Werk, meine Idee, mein Produkt, und ich werde dieses zur größten künstlerischen Vollkommenheit treiben... die Menschen müssen sich dann einpassen. Aber die Siedlung ist erst mit den Menschen komplett, und wenn in einer Siedlung außen der letzte Stahl-, Glas- und Flachdachschick herrscht, und innen stehen Plüschmöbel mit Muscheln..., dann ist wieder etwas Wesentliches nicht richtig», schrieb er 1930 in der Zeitschrift «Form».

Der Fortschritt stockte, so nachhaltig hatte die Gründerzeit die Gewohnheiten und den allgemeinen Geschmack beeinflußt. Diese starke Wirkung hatte ihre Ursache im Zusammenstoß einer uralten menschlichen Neigung und der industriellen Möglichkeit, sie zu befriedigen. Seit dem Altertum weiß man, daß Menschen den

Drang zum Höheren haben, zum Schöneren, Besseren, Kostbareren. Früher gab es soziale und juristische Schranken, die Armut zum Beispiel und die Kleiderordnung. Erst die Revolutionen um 1800 brachen sie entzwei, und dann nutzte die gleichzeitig beginnende Industrialisierung die Gunst der Massenfertigung, den unerreichbaren Luxus von früher in erschwinglichen Surrogaten unter die Leute zu bringen. «Es ist bekannt», stöhnte Bruno Taut, «daß der Krimskrams und Tingeltangel des Vielerlei mit dem ‹Aufschwung› der 70er, 80er Jahre [des vorigen Jahrhunderts] seinen Einzug in die Wohnungen hielt.» Was man sich darunter vorzustellen hat, skizzierte Ernst Bloch so: «Deckchen überall, samt wallenden Portieren, Büffets wie Ritterburgen, und daneben lehnten Hellebarden, mit Thermometerchen im Schaft... Lüge allerorten.»

Am amüsantesten hat die Lust am Unechten der Kulturhistoriker Egon Friedell dargestellt: «Jeder verwendete Stoff will mehr vorstellen, als er ist. Es ist die Ära des allgemeinen und prinzipiellen Materialschwindels. Getünchtes Blech maskiert sich als Marmor, Papiermaché als Rosenholz, Gips als schimmernder Alabaster, Glas als köstlicher Onyx. Die exotische Palme im Erker ist imprägniert oder aus Papier, das leckere Fruchtarrangement im Tafelaufsatz aus Wachs oder Seife. Die schwüle rosa Ampel über dem Bett ist ebenso Attrappe wie das trauliche Holzscheit im Kamin, denn beide werden niemals benutzt; hingegen ist man gern bereit, die Illusion des lustigen Herdfeuers durch rosa Stanniol zu steigern. Auf der Servante stehen tiefe Kupferschüssseln, mit denen nie gekocht, und mächtige Zinnhumpen, aus denen nie getrunken wird; an der Wand hängen trotzige Schwerter, die nie gekreuzt, und stolze Jagdtrophäen, die nie erbeutet wurden. Dient aber ein Requisit einer bestimmten Funktion, so darf sie um keinen Preis in seiner Form zum Ausdruck kommen. Eine prächtige Gutenberg-Bibel entpuppt sich als Nähnecessaire, ein geschnitzer Wandschrank als Orchestrion; das Buttermesser ist ein türkischer Dolch, der Aschenbecher ein preußischer Helm, der Schirmständer eine Ritterrüstung, das Thermometer eine Pistole. Das Barometer stellt eine Baßgeige dar, der Stiefelknecht einen Hirschkäfer, der Spucknapf eine Schildkröte, der Zigarrenabschneider den Eiffelturm. Der Bierkrug ist ein aufklappbarer Mönch, der bei jedem Zug guillotiniert wird, die Stehuhr das lehrreiche Modell einer Schnellzugslokomotive, der Braten wird mittels eines gläsernen Dackels gewürzt, der Salz niest, und der Likör wird aus einem Miniaturfäßchen gezapft, das ein niedlicher Terrakotta-Esel trägt.... Diese angeblich so realistische Zeit hat nichts mehr geflohen als ihre eigene Gegenwart.»

Aber hatte es in den zwanziger Jahren, je mehr sie in die dreißiger reiften, nicht eine Menge Einsichten gegeben, sagen wir: eine heute noch verblüffende Neugier auf das Neue, das Frische, das Klare, das Vernünftige, das Zeitgemäße? Konnte man denn nicht annehmen, die Reformer hätten mit ihrem ethisch fundierten Elan die Lust wachgerüttelt, «seiner eigenen Zeit gemäß zu leben»? Hatten denn nicht die vier in der beliebten Reihe der «Blauen Bücher» erschienenen Bände über die «Deutsche Baukunst der Gegenwart», deren einem diese Wendung entnommen ist, eine uns kaum noch vorstellbare Popularität erreicht? Man bedenke, daß es Bestseller waren; Von 1925 bis 1932 wurden davon über 130000 Exemplare verkauft. Allein der Band über «Die deutsche

Wohnung der Gegenwart» wurde innerhalb von nur zwei Jahren – und mitten in der Wirtschaftskrise 1931 und 1932 – 32 000mal abgesetzt, mit Interieurs, die radikal modern waren und nichts enthielten, was man als Konzession an den Geschmack, den man bekriegte, hätte verstehen können.

Jedoch, die reformerische Idee wirkte nicht in die Breite. Sie erreichte die eigentlichen Adressaten nicht, zum Teil deswegen, weil die neuen einfachen Möbel trotz Typisierung und großer Serie teurer als der Schund waren und, wie Theodor Heuss in seinen Erinnerungen erzählt, «vom Lehrer, vom Studienrat, vom Postbeamten» erworben wurden. «Ganz einfach, der damalige ‹Kunstwart›-Leser hat die Dinge gekauft», Leute also, die sich ein gewisses Maß an Bildung hatten erwerben können und urteilsfähig waren, die jedenfalls verstanden, worum es ging.

Daß eine Wohnung praktisch eingerichtet sein sollte, werden sich die meisten als selbstverständlich wünschen, wenn man sie fragt – und dem Wunsch sogleich zuwiderhandeln. Denn alles, was mit dem Wohnen zu tun hat, beschäftigt zwar (vorübergehend) den Verstand, vor allem aber (und dauerhaft) das Gemüt. Wohnen ruft Gefühle hervor. Ist eine Wohnung unpraktisch, wird man sich daran stoßen, sich aber daran gewöhnen und sie allmählich als ganz praktisch empfinden; läßt eine Wohnung aber das Gemüt kalt, aus welchem Grund auch, ruft sie Minderwertigkeits- und Unlustgefühle hervor, Unzufriedenheit und Widerwillen und bedrängt die Psyche. Und die Seele ist allemal verletzlicher als die Physis. «Meine gute Wirtin», erzählt Heuss, «hatte Mühe genug mit dem Abstauben. Aber sie nahm es gerne auf sich, weil in dem überflüssigen Dekor nicht bloß der Staub, sondern die vornehme Welt saß.» Wie kann man in der Wohnwelt, in der so mächtig die Gefühle walten, Vernunft erwarten?

Und ist das denn nicht überhaupt fünfzig Jahre her, ein halbes Jahrhundert? Sind wir denn nicht doch ein bißchen vernünftiger geworden? Es hat, nachdem das Elend des letzten Krieges allmählich überwunden war, natürlich Versuche gegeben, eine neue Formensprache zu finden. Es blieben etwas hilflose Bemühungen. Die durch den Nierentisch gekennzeichnete Mode auf dünnen schrägen Beinen war die erste. Dann richteten sich die Blicke sehnsüchtig nach Skandinavien, besonders nach Dänemark, das mit seinen Teakholzmöbeln Wärme in die Zimmer brachte. Kräftige Wohntextilien, vorzugsweise in den Farben blau und grün, gelb und weiß, gehörten dazu; das Stringregal, Musterbeispiel eines leichten variierbaren Regalsystems, drang selbst in Polsterzimmer ein. Junge Leute entdeckten ihre Neigung für Safaristühle, drückten ihre scheinbare Unabhängigkeit von der Konsumwelt und den individuellen Trotz gegen die Serienwelt im Sammeln von ausrangierten «Oma»-Möbeln aus dem Sperrmüll aus. Doch dem Eindruck, es handele sich dabei um einen langsam aufkeimenden «Trend zur Vernunft», widersprach ein Möbelhändler. «Der jugendliche Käufer», sagte er, «unterscheidet sich in seinen Erwartungen und Ansprüchen eigentlich überhaupt nicht von denen, die in den sogenannten besten – auch bestverdienenden – Jahren sind: Er hat zwar nicht das gleiche Geld, aber die gleichen Ansprüche. Ich könnte Ihnen Fälle nennen, wo zum Beispiel ein ganz junges Ehepaar zu uns kam, um für viertausend Mark eine ganze Wohnungseinrichtung zu kaufen, und dann wollten sie unbedingt als erstes den Ledersessel für fünfzehnhundert Mark haben. Die jungen Leute möchten gleich in eine höhere Wohnkategorie einsteigen, sie neigen zu Perfektion und repräsentativem Schick nicht minder als die Gesettelten. Wenn wir ihnen sagen, kauft euch ein paar gute Sachen, die ihr euch leisten könnt, und improvisiert den Rest, meinetwegen mit Apfelsinenkisten und Backsteinregalen, dann werden wir wie komische Wandervögel angeschaut.» Und er schickte einen Seufzer hinterher: «Ehrliche Möbel, die gefallen, an denen man Qualität ablesen kann, visuell wie haptisch, und die ihre ‹Diensttauglichkeit› beweisen, sind kaum mehr gefragt.»

War es damals, in der Weimarer Zeit und bis Kriegsende, das mit historischem Brimborium überladene Mobiliar, das in die viel zu kleinen Wohnungen drängte, so ist es heute das — ja, was ist es? Schwer zu beschreiben, was sich da unter der träge in der Windflaute hängenden schweren Fahne des «Stilmöbels» alles darstellt und den Möbelmarkt weithin beherrscht, ein absonderliches Gemenge, das vor allem voluminös und schwer wirken muß, um den Anschein von Solidität und Dauerhaftigkeit und eine gequälte Art von Individualität hervorzurufen. Die Adjektive, mit denen die Industrie und der Handel diese verquere Lust anfeuert, sind rasch aufgelesen, sie kehren in jedem Prospekt wieder: klassisch und rustikal, zeitlos schön, herrlich bequem, ja superbequem sowie komfortabel, körperideal und faszinierend, pflegeleicht, wertvoll und echt, exklusiv und hochwertig. Das «preiswerte Sitzvergnügen» ist zwar mit dem «pflegeleichten Kunststoff-Oberflächen, Eiche-Nachbildung» eingefaßt, aber man lebt gleichwohl in «1.-Klasse-Komfort», «sitzt stilvoll», erfährt einen «Meister-Service» zu «Super-Preisen, die ins Auge springen», «damit die gemütlichsten Stunden zu Hause bequemer werden».

Eine der wichtigsten Behauptungen ist die der visuellen wie physischen Haltbarkeit. «Das Bedürfnis nach Dauer, das sich darin (im ‹Stilmöbel›) ausdrückt, läßt erkennen, daß die Menschen im Grunde ihre Wohnumwelt nicht permanent verändern und ihre Möbel nicht schon nach fünf Jahren wegwerfen wollen», berichtet Michael Andritzky in der Zeitschrift «Werk + Zeit» des Deutschen Werkbundes. Es wird auf hanebüchene Weise mißbraucht. «Wenn Sie jetzt das Kriterium der Haltbarkeit ansprechen», eröffnete ihm ein Möbelhändler, der anonym zu bleiben wünschte, «muß ich sagen — und das hört sich vielleicht böse an, aber es ist tatsächlich so — und darauf basiert unsere Wirtschaft heutzutage —, die Möbel *dürfen* gar nicht so lange haltbar sein. Nach dem dritten Umzug darf der Schrank nicht mehr so aussehen, wie er vorher war, denn dann würde womöglich ein Schrank noch vererbt werden.» Ein anderer bekannte, «daß gute Qualität zu niedrigen Preisen ein unaufhebbarer Widerspruch» sei und «durch Werbesprüche und schönes Aussehen meist vernebelt» werde.

Merkwürdigerweise ignorieren die Wohnenden den offenbaren Widerspruch zwischen der ausladenden Wuchtigkeit des am meisten verbreiteten Mobiliars und der hinderlichen Enge der meisten Wohnungen, die der Soziale Wohnungsbau hervorgebracht hat. Offenbar gilt für solche überfüllten Räume eine andere Skala von Werten, derzufolge die Wichtigkeit, die Möbelstücken beigemessen wird, viel größer ist als der Platz, der dazwischen «zum Leben» gelassen wird. Daß sich unter diesen Umständen nun eine schwedische Möbelfirma in dieser unangenehm produktiven Branche in den Markt einzumischen vermochte und, mehr noch, überraschend erfolgreich funktioniert, muß einen schon ein bißchen wundern: Angemessene Qualität zu niedrigen Preisen, aber eben auch jene fröhliche Einfachheit, um die es den Reformatoren des Wohnens immer zu tun war, den Wiener Werkstätten wie den Deutschen Werkstätten in Dresden und Hellerau, dem Bauhaus und der Neuen Wohnkultur. Aber auch Ikea ist es wohl nicht gelungen, in die Arbeiterwohnung einzudringen, sondern wieder nur in die des (jugendlichen) Mittelstandes, der vorsichtig mit Konventionen zu brechen bereit ist und sich in der neuen Konvention der (halben) Alternative wohlfühlt.

Also doch wenigstens andeutungsweise ein Wandel? Wahrscheinlich nichts weiter als eine amüsante Randbemerkung zu den hauptsächlichen Usancen der Gegenwart, ein freundliches Licht über der dunklen Masse der Stapelware. Das Wohnzimmer ist, wie es war, «die gespenstische Einheit von priesterlichem Kultraum und profanem Geschwätz über den neuesten Film». Im Kursbuch 42 (1975) hat Dieter Bahr diese Beobachtungen zornig mitgeteilt: «Zwischen der Vitrine und der duftigen Bel-air-Gardine mit pastellfarbigem Punktmuster, die dem Zimmer durch den Unterrockcharakter der Gardinenspitzen einen winzigen Schuß von Bordell der Reichsgründerzeit verleiht, hängt die Kuckucksuhr mit bewährtem Batteriewerk, aus der ein Totenvogel krächzt. Unter einer rustikalen Wandleuchte aus Dirndlstoff und im Petroleumleuchten-Look, neben der die gesammelten Werke Peter Alexanders Platz fanden, und neben der elektrischen Heizung mit dem Kaminfeuerfensterchen steht das geerbte Buffet im Wiener Barock. Es beherbergt die zwölf Apostel der Teeservices, Geschirrgarnituren und Silberbestecke, die dem Sonntag und dem Besuch der Vorgesetzten vorbehalten sind ...»

Ja, aber: Woher das alles? Weist denn nicht jedermann den Verdacht zurück, er habe keinen oder einen irregeleiteten Geschmack? Ist es also müßig, darüber zu streiten? Geschmäcker sind verschieden, das ist gewiß, aber Geschmack zu haben, ist das ein unbilliges Verlangen? Geschmack ist keine Gabe, die einem in den Schoß fällt, die einer hat oder nicht, sondern eine Sache der Kultur, der Pflege, kurzum der Erziehung. Wahrscheinlich hat, von einigen epochemachenden Bauten und Ideen abgesehen, Walter Gropius seine größte Leistung unter dem Rubrum Erziehung vollbracht, erstens, weil er das Bauhaus als ein Institut umfassender künstlerisch-handwerklicher Erziehung gegründet hatte, zweitens, weil er selber Menschen erzogen hat, und endlich, weil er niemals müde geworden ist, die Erziehung von jungen Menschen zur Kunst, zur Kultur zu predigen. Er wußte, daß es die einzige Waffe ist, mit der sich das Publikum gegen den Schwall von Kitsch zu wehren vermöchte, mit dem es fortwährend und überaus aggressiv bedrängt wird, mit überflüssigen, unpraktischen, verrohenden, unappetitlichen, qualitätlosen, unwürdigen Dingen. Man muß, schrieb der Stuttgarter Architekt Max Bächer in einem gescheiten Essay-Band über «Die Kunst zu wohnen», dem Mißbrauch begegnen, der mit dem Sprichwort *de gustibus non est disputandum* getrieben werde. «Man braucht nicht über Geschmack zu streiten, solange es gültige kulturelle Normen gibt. Es fehlt weniger an den Normen als an der Kenntnis dieser Normen in fast allen sozialen Gruppen — Geschmacklosigkeit ist in den sogenannten besseren Kreisen ebenso häufig zu finden wie in einfachen –, und so glaubt der einzelne, einen persönlichen Geschmack entwickeln zu müssen oder zu können. Welcher Irrtum!» Denn das sei wahrhaftig «eine so außergewöhnliche Leistung, die immer nur wenigen Menschen gelingen kann und auch in früheren Zeiten nur von wenigen vollbracht oder auch nur angestrebt wurde».

Kann man Geschmack lernen? Wenigstens ist es möglich, die Voraussetzungen dafür zu vermitteln, Kenntnisse, die es erlauben, die Qualität des Gemachten, auch seinen ästhetischen Wert, beurteilen zu lernen. «Die Geschmacksfrage» damit abzutun, daß sie «im Grunde eine Frage der gesellschaftlichen Macht» sei und daß die Prediger der «Guten Form» in Wirklichkeit «fremden Interessen gehorchen», daß sie «den Interessen bestimmter Industriezweige am Absatz relativ teurer Produkte» dienten und, wie der Designer Gert Selle meint, «eine Ideologie propagieren», ist ein bißchen zu einfach und beinahe so zynisch wie die Rechtfertigung der «Bildzeitung», ihre Millionenauflage sei der Beweis für ihre Notwendigkeit. Gäbe es sie nicht, würde sie nicht gebraucht; gäbe es die falschen Möbel nicht, würde niemand danach Verlangen haben. Nein, kein Mensch ist frei von Schwächen, keiner frei von Leitbildern. Leben ohne Vorbilder ist gar nicht vorstellbar; es schließt, wie unbewußt auch, stetiges Lernen ein. Man guckt sich immerzu etwas ab. Wohnen könne jeder? Auch atmen «kann» jeder vom ersten Schrei an, und dennoch wissen Schauspieler, Redner und Sänger, daß man es erst «richtig lernen» muß, um aller Chancen, die es eröffnet, teilhaftig werden zu können. Alle Eltern glauben, ihnen sei die Gabe des Erziehens von Natur gegeben — bis ihre verzogenen Kinder Zweifel daran aufkommen lassen. Und selbstverständlich läßt sich Geschmack bilden; es bedeutet ja nicht, jemandem etwas Fremdes, Ungewolltes, nicht Verstandenes oder bestimmte Waren zu oktroyieren, sondern Sachverhalte und Situationen zu erklären, also aufzuklären, also zu klären.

Zum Beispiel könnte man klarzumachen versuchen, daß das als «Gute Stube» behandelte Wohnzimmer beileibe nicht das wichtigste in einer Wohnung ist, denn Familien bringen die meiste Zeit oft in ganz anderen Räumen zu. Wohnungen, die nur kleine Wohnzimmer haben, stattdessen aber große Kinderzimmer oder eine geräumige Wohnküche, sind unerwünscht, wie die Erfahrung lehrt. Je größer eine Wohnung ist, desto größer muß auch das Wohnzimmer sein, dieses die Einkommensverhältnisse spiegelnde Repräsentationsobjekt, dieses Zeugnis gehobenen Lebensstils, dieses Party-Wohnzimmer, das ja meist nur in der Theorie so etwas ist wie ein Familienzimmer, ein «Raum für alle» und gewöhnlich nur abends und sonntags wirklich benutzt wird. Das Wohnzimmer ist die Hauptsache der Wohnung, es ist ein Erwachsenen-Reservat. Für seine Ausstattung werden auch die meisten sozialen Signale aus der Umwelt empfangen. Hier werfen sich die Bewohner in die Brust. Und wenn ihnen solche emphatischen Regungen nicht liegen, werden sie wenigstens hoffen, daß man ihre Anstrengungen diskret bemerkt und laut anerkennt. Es ist eine Art von halböffentlicher privater Sphäre, in der sich der besondere Ehrgeiz der Bewohner entlädt, wo sie sich offenbaren, sich zu erkennen geben. Alles, was das Auge darin vernimmt, sind Übersetzungen aus der Seele, Ausdruck der Persönlichkeit. Die einen tun es unverhüllt und plump, andere tun es naiv und ungeschickt, die dritten, ohne es zu wissen, wieder andere, weil der Besuch es ihnen unterstellt. Die größte Wirkung geht dabei weniger vom Funktionellen als vom Visuellen aus oder, noch genauer, vom Atmosphärischen. Alle freuen sich, wenn ihr Wohnzimmer gelobt wird, wenn ihnen also etwas geglückt ist, wenn sich ihre persönliche «Vorliebe» mit dem allgemeinen Empfinden deckt.

Ein Pharisäer, der dagegen etwas einzuwenden hätte. «Ein gewisser Exhibitionismus», sagt ein Kulturreferent, «ist notwendig.» Ein Taxifahrer bekennt: «Hier wohne ich, und die Leute sollen das auch sehen.» Wer kennt nicht die Frage «Haben Sie unsere Wohnung schon angesehen» und das strahlende Gesicht, wenn man es verneint? «Ich zeige Ihnen erst einmal das Haus», verordnete ein Architekt, der sein Amt als Ministerialdirektor mit aufdringlichem Stolz genoß, seinem noch sehr fremden Besucher, der aus ganz anderen Gründen gekommen war, und führte ihn zu seinem neuen gotischen, von Wurmlöchern tadellos gezeichneten Kleiderschrank, in dem («Um Himmelswillen, der ist doch gar nicht aufgeräumt», log die Ehefrau für alle Fälle) Gläser und Sammeltassen aufbewahrt waren. Andere Leute wiederum präsentieren sich mit vergnügtem Stolz, paradieren sehr charmant; am sympathischsten wirken Leute, die mit Gelassenheit wohnen in einer eher beiläufig geübten Kultur. «Wohnlich ist ein Raum, eine Wohnung», liest man bei dem Soziologen Hans Paul Bahrdt, «wenn es einer Vielzahl von alltäglichen Funktionen, zu denen auch Arbeit, aber nicht jede Arbeit, gehört, einen alltäglich-behaglichen, vertrauten Rahmen gibt, und zwar so, daß diese Funktionen sich nicht nur nicht gegenseitig stören, sondern sogar miteinander harmonieren. Diese Harmonie ist ein Stück Kultur. Wohnen ist ein Stück Kultur.» Freilich warnt er gleich vor dem Begriff der Wohnkultur, weil der den Verdacht wecke, daß da etwas Selbstverständliches zum Ziel besonderer Anstrengungen erklärt werde; das mache die Wohnkultur leicht zum «Hindernis für die Entfaltung der vielfältigen Verrichtungen, die zusammen das ergeben, was wir ‹wohnen› nennen. ‹Wohnkultur› kann genauso unwohnlich sein wie kalte Pracht; das heißt, sie ist dann nur eine moderne Variante der kalten Pracht von gestern, also das Gegenteil von kultivierter Wohnlichkeit». Kultur liegt in dem, was selbstverständlich ist.

Unter all den Wohnungen, die ich gesehen, die ich teils genossen, teils gemieden habe, sind mir ein paar in Erinnerung geblieben, sehr lebhaft. Da ist zum Beispiel die einer Nenntante, deren Sohn mein Schulfreund war. Ich sehe sie noch heute auf dem Holzpodest am Eckfenster sitzen, von einer hüfthohen Balustrade aus schwarzen Holzsäulen umgeben, vor sich die Nähmaschine mit dem Nähtisch, links den Blick auf die spielenden Jungen, rechts den Blick auf die Straße — denn, nicht wahr, man wohnt ja immer auch zum Fenster hinaus. Meine Großmutter hatte einen Spion am Fenster, eine Art von Vor- und Rückspiegel, in dem sie vom Ohrenbackensessel aus sich am Straßenalltag unterhielt. Die Frau eines Architekten wiederum machte mir klar, daß ein Wort ganz und gar nicht auf sie passen würde: hausen. Sie wohnte, und sie tat es mit äußerstem Vergnügen auf eine betont anspruchsvolle, ästhetisch imprägnierte Art. Beobachter mit hastigen Blicken werden die runden weißen, undekorierten Wände als nackt und kalt empfinden; mit etwas mehr Geduld entdeckt man plötzlich eine reiche Skala von Weiß-Nuancen, die aus kunstvollen Fenster- und Deckenöffnungen durch das Licht hervorgerufen werden. Ein Kritiker wetterte gegen «den Blödsinn» einer «Papierarchitektur», die weniger an ein Haus als an eine Kirche erinnere, worauf die Bewohnerin bemerkte, sie habe früher davon geträumt, in einer romanischen Kirche zu wohnen. Sie fühlt sich wohl in dieser sparsam möblierten Inszenierung, in der es so gut wie keinen Schmuck an den Wänden gibt: Die Wände, Decken, Fußböden sind der Schmuck. Daß das Ehepaar darin besonders gern schwarze Kleidung trägt, deutet eine außerordentlich persönlich empfundene Wohnlichkeit an, die aus der Komposition der Räume hervorgeht, der atmosphärischen, nur von sensiblen Menschen wahrnehmbaren Beredtsamkeit ihrer Formen und Folgen und der monochromen Farbigkeit. Diese Wohnung ist nicht übertragbar; sie ist ein individuelles, von Selbstbeschränkung reguliertes Abenteuer.

Bei einem Industriebuchhalter hatte ich zum erstenmal das Wort «Clubsessel» gehört. Dieses Möbel, das mich als Jungen sehr beeindruckt und beim Sitzen Schauer der Erregung wie auf einem Thron hervorgerufen hat, verlangte rundherum freien Raum. Seine dicken Wülste waren mit braunem Leder bezogen, über der linken Armlehne lag, von einem Wildlederband gehalten, ein Messing-Aschenbecher. In diese Möbelgesellschaft gehörten noch ein gewaltiges Sofa, ein Marmortisch auf einem geschmiedeten Gestell, ein «Diplomatenschreibtisch», dessen eine Hälfte von der meterhohen Bronzefigur eines Heiligen Georg mitsamt dem Drachen eingenommen wurde. Dieser Schreibtisch, das wußte ich, wurde nur sehr selten als Schreibtisch benutzt, die entsprechenden Utensilien, allesamt von feiner Machart, standen immer in derselben Ordnung. Wenn abends das Licht unter dem Pergamentschirm der Stehlampe angeknipst wurde, herrschte Besuchsstimmung unter den Bewohnern. Vulgäre Worte fielen nur in der Küche; im Wohnzimmer spielte man distinguierte Rollen: Ein eindrucksvolles Stück zum Fürchten oder Lachen. «Vor zwanzig Jahren», erzählt Heuss, «war ich bei einem jungen Berliner Schneider. Der hatte eine viel schönere und viel pompösere Einrichtung sich zu Beginn seiner Ehe angeschafft, als ich sie in meinem bisherigen Leben gehabt habe, weil er darin den Willen zum Aufstieg empfand.»

Auf einer Fotografie war einmal das Wohnzimmer eines berühmten Kunstkritikers abgebildet. Man sah darin Bücher in Regalen, viel mehr noch in Stapeln auf Möbeln, auf Tischen und Stühlen; irgendwo dazwischen entdeckte man den Stuhl, auf dem der gelehrte Mann Platz zu nehmen pflegte, ein Sofa, einen kleinen Tisch, und durch das Fenster schaute volles Laub herein. Und Katzen belebten das Interieur.

Wohnen ist eine Art von Sprache, ein Ausdrucksmittel, und wie es redselige Menschen gibt, gibt es schwatzhafte Einrichtungen, wortkarge Arrangements, bei manchen fliegt einem leutseliger Gasthauslärm entgegen, andere glaubt man zu riechen, sie haben die trockene Stille von Staatsbibliotheken. «Wenn sie auch nicht sprechen», die Möbel, sagt der Soziologe Maurice Halbwachs, «so verstehen wir sie dennoch, da sie einen Sinn besitzen, den wir auf vertrauliche Weise entschlüsseln.» Möbel sind Wörter von manchmal starker Symbolkraft, ihre Syntax gibt Aufschluß über die, die sie gebrauchen. Dieses «Setting», von dem der Soziologe Lucius Burckhardt spricht, «innerhalb dessen wir wahrgenommen werden möchten», bilde «ein Spiel, an dem sowohl der Inhaber der Wohnung wie auch seine Gäste und Besucher teilnehmen. Da wir alle an ökonomische Grenzen gebunden sind, und das waren selbst Onassis und der Sonnenkönig, sind unsere Lebensäußerungen, wie sie sich in der Wohnung niederschlagen, stets nur Hinweise auf den eigentlich gewünschten Lebensstil.» Die Düsseldorfer Architektin und Wohnberaterin Inge Boskamp sagt es so: «Statt daß wir lernen, uns zu uns selbst zu machen, werden wir bewogen, jemanden aus uns zu machen, jemanden zu repräsentieren. So verschieben wir unseren Selbst-Verlust unter anderem auf Objekte, Requisiten, individuell besetzte Staffagen.» Und auch das: «Der Mangel im Elementaren muß durch verwirrende Vielfalt maskiert und betäubt werden.» So werden Wohnungen auf zweierlei Weise als Fluchtburgen empfunden: für die «Flucht ins individuelle Traumreich» und für die Flucht aus der Realität des öffentlichen Alltags in den mitunter sehr gewollten Widerspruch zur Wirklichkeit. Meist aber merkt es niemand. Stärker noch: «Ich habe, wenn ich wohne, kein kritisches Bewußtsein, ich wohne emotional, und das werde ich mir nicht wegnehmen lassen», sagt Gert Selle. Er hat für sich recht, aber man kann die Quintessenz zur Parole machen: Wohnt, wie *ihr* wollt, wohnt nicht, wie man wohnen zu sollen vermeint!

Sofern es überhaupt möglich ist. Die Wohnberaterin Boskamp berichtet, «daß es sich keineswegs nur um Einrichtungsprobleme handelt, sondern daß es schlichtweg Grundrißprobleme sind, daß die Wohnung von vornherein einen Zuschnitt hat, mit dem die einzelnen oder die Familie nicht in der Lage sind umzugehen, wo es nur darum geht, den besten unter den schlechten Kompromissen zu finden». Deshalb bestehe ein großer Teil ihrer Beschäftigung darin zu erkunden, «welche Bedürfnisse einer großen Zahl von Wohnern (nämlich solchen in kleinen Sozialwohnungen) ausgeredet werden müssen».

Keine Frage, daß die Sozialwohnungen von Jahr zu Jahr größer geworden sind. Die Durchschnittswohnfläche für eine vierköpfige Familie mißt nicht mehr wie zu Beginn des Bau-Programms vor dreißig Jahren 55, sondern nun fast 100 Quadratmeter, und vor einigen Jahren haben 85 Prozent der Bundesbürger gesagt, sie seien mit ihrer Wohnung zufrieden. Jedoch sind es, wie zu vermuten ist, nicht wenige deswegen, weil sie gar keine Alternative haben, sie sich nicht einmal vorstellen können. Weiter: Die Grundrisse dieser öffentlich finanzierten, also Normen unterworfenen Wohnungen sind nach Kräften rational aufgeteilt; die Zimmer, die sich aus dem dichten Regelwerk der Vorschriften ableiten lassen, sind wiederum so geschnitten, daß sie meist nur auf eine bestimmte, durch Gesetze und Verordnungen präjudizierte Weise genutzt werden können. Man weiß, wo die Couchgruppe Platz finden könnte, der Wohnzimmerschrank, das Stringregal, der Teewagen mit dem Fernseher über Eck; im Schlafzimmer hat das Doppelbett seinen festgelegten Platz, der Kleiderschrank seine bestimmte, nach den Normen ermittelte Stelle, in den halben Kinderzimmern sind die Variationsmöglichkeiten noch viel ärmlicher. Alle diese Wohnungen sind allgemein angenommenen Wohnusancen angepaßt und so anonym wie möglich, aber gleichzeitig sind sie in ihren ausgeklügelten Grundrissen so starr, daß die Chance des anonymen Raumes gar nicht wahrgenommen werden kann: nämlich sich darin auf ganz persönliche Weise einzurichten. Es mangelt ihnen einfach an der dafür notwendigen Geräumigkeit, wie sie die gutbürgerlichen Miethäuser der Jahrhundertwende gewöhnlich enthalten.

Selbst gegen den Wohnkomfort, wie er gang und gäbe ist, können sich Mieter gar nicht mehr wehren, gegen die vollständig ausgestattete Küche, die ausgelegten Teppiche, gegen Plazierung und Farbe der Kacheln und so weiter, weil sie den gleichen Vorschriften wie die Grundrisse unterworfen sind. Wohnende müssen sich anpassen, wenn sie im Sinne haben, zu bleiben, sich «zu beheimaten» — und das wiederum ist die Voraussetzung für ein Netz von persönlichen Beziehungen.

In einer Diskussion über die Frage, ob der soziale Wohnungsbau nicht eigentlich unsozial (geworden) sei, kritisierten namentlich Architekten den «Überkomfort, die Perfektion der haustechnischen Ausstattung». Daran, fanden sie, könne man sparen, nicht aber an der Wohnungsgröße, mehr noch: Sie schlugen vor, die Wohnungen auf Kosten des technischen und des Ausstattungskomforts lieber größer zu bauen. Denn eine geräumige Wohnung, die sich leicht und ohne beschwerlichen Aufwand verändern oder auch nur umdeuten lasse, sei unvergleichlich besser als ein bis obenhin gekacheltes Badezimmer. Eine solche Architektur, glauben sie, könnte bei den Bewohnern die Lust am Mitmachen und Selbermachen kräftigen, wenn nicht überhaupt erst provozieren. «Denn das Deprimierende am Sozialen Wohnungsbau, wie er landauf, landab praktiziert wurde», las man in einem Bericht über diese Diskussion, «liegt nicht zuletzt in der Normierung der Ansprüche.» Fixiert seien sie nicht nur durch Förderungsbestimmungen, Bauordnungen und feuerpolizeiliche Vorschriften, sondern auch durch die Versorgungsmentalität der subventionierten Bewohner. Und eben dies ließ einen der Architekten zweifeln. Die Wohnwünsche der Verbraucher seien heute meist auf Perfektion, auf die technische und komfortable Ausstattung ihrer Wohnungen gerichtet und nicht auf Raum für die Familie und deren Entwicklung. Doch zu Hause, gab Walter Dirks einmal zu bedenken, «das bedeutet in neun von zehn Fällen in der Familie oder auch — seien wir nüchtern! — mit oder neben der Familie. Die Kunst, zu Hause zu sein, wäre in neun von zehn Fällen also die Kunst, in der Familie zu leben — oder auch mit oder doch neben der Familie.» Und Alexander Mitscherlich bekannte: «Ob mir die Kunst gelingt, einen Wohnraum behaglich zu gestalten, hängt nicht so sehr von meinem Geschmack, als von meiner inneren Friedlichkeit, aber auch von der Gunst des Ortes ab.»

Was braucht der Mensch zum Wohnen? Er braucht, so sagen wir nun, vor allem Gelassenheit und Selbstvertrauen, um nicht immer nach dem angeblich Besseren zu schielen. Er braucht Futter für sein Gemüt, die Lust, sich in seinen vier Wänden zu bewegen, sich auch darin darzustellen, in Maßen stolz zu sein; vor allem braucht er Vernunft und sehr viel Phantasie und etwas von dem, was man Bildung nennt. Und eine Wohnung, die groß genug ist und einen Grundriß hat, der sich Deutungen gefallen läßt. Viele fromme Wünsche.

BILDER — EINS

Altbäuerin • Arbeiterin • Bauarbeiter • Bauer • Bäuerin • Bürgermeister • Friseuse • Hausfrau • Heimarbeiterin • Hilfsarbeiter • Kraftfahrer • Kraftfahrzeugmechaniker • Landwirt • Landwirtin • Landwirtschaftsmeister • Maschinist • Maurer • Mechaniker • Plastikwerkerin • Raumpflegerin • Rentner • Rentnerin • Schrotthändler • Straßenbahnführerin • Taxifahrer • Wagner • Zimmerer

Heinrich B., 63, Landwirt
Elfriede B., 71, Landwirtin
«In dieser Stube verbringen wir unseren Feierabend. Auch wegen des Fernsehens sind wir lieber hier.»

Heinrich B., 63, Landwirt
Elfriede B., 71, Landwirtin

«Je nachdem, was für ein Besuch kommt, kommt er in die gute Stube oder in die andere.»

Heinrich T., 37, Kraftfahrzeugelektromechaniker
Ursula T., 28, Heimarbeiterin

«Wir wohnen in einer Neubausiedlung. Jetzt ziehen immer mehr Ausländer, Griechen, Türken und Rumänen ein. Die Spielplätze werden nun oft zerstört. Es gibt jetzt viel mehr Ärger und Probleme.»

Hans H., 31, Kraftfahrer

«Ich habe beruflich mit Haushaltsauflösungen zu tun. So bin ich auch an unsere Möbel rangekommen, da ich mich für solche Dinge interessiere.»

Hans S., 46, Taxifahrer
Helga S., 41, Straßenbahnführerin

«Manche Unsicherheit kaschiere ich durch Forschsein.»

Fritz A., 56, Maschinist

«Ich arbeite während der Woche auswärts und komme erst am Freitagnachmittag heim. Auf das zu Hause sein und mit den Freunden ein Bierchen trinken zu können, freue ich mich dann.»

Eva A., 52, Raumpflegerin

«Ich gehe am Abend früh ins Bett, was soll man denn so alleine.»

Marianne S., 35, Hausfrau
Ehemann Bauarbeiter

«Meine Wohnung anders herrichten, das wäre mein Traum. Andere Tapeten, neue Vorhänge, ich würde alles umändern.»

Josef S., 38, Bauer
Rosa S., 31, Bäuerin

«In der guten Stube sind wir nur ein paarmal im Jahr.»

Monika E., 26, Hausfrau
«Ich habe mein Kind nicht abtreiben lassen, weil ich endlich etwas haben wollte, das mir gehört.»

Eduard O., 63, Rentner

«Mir ist nie langweilig, ich habe meine Kreuzworträtsel, den TSV und die Wandergruppe.»

Magdalena O., 62, Rentnerin

Edd O., Rentner

«Sex is' nicht mehr drin. Hab' ich abgegeben, hab' ich verkauft.»

Lotte O., Rentnerin

«In meinem Nachtgewand fühl' ich mich am wohlsten.»

Anton P., 37, Mechaniker

«Ich bin ein ruhiger Typ. So unauffällig durchs Leben zu schleichen, das liegt mir.»

Gabriele P., 20, Friseuse

«Bevor wir heirateten, haben wir die Wohnung, Schlafzimmer, Wohnzimmer und Küche komplett eingerichtet. Alles zusammen hat uns ungefähr 20 000 Mark gekostet. Wir haben dazu einen Kredit von 12 000 Mark aufgenommen.»

Hans Heinrich C., 30, Kraftfahrzeugmechaniker

«Das Einrichten der Wohnung macht hauptsächlich meine Frau, das liegt mir nicht so. Ich habe die Regale gezimmert, Wände gestrichen und den Teppichboden verlegt.»

Helga C., 32, Hausfrau

«Wir wollten keine komplette Einrichtung kaufen, aus finanziellen Gründen, aber auch, weil uns das nicht gefällt. Leidenschaftlich gerne räume ich wieder um. Wir fühlen uns sehr wohl hier.»

Egon F., 61, Sozialhilfeempfänger, arbeitslos

«Wenn man so allein haust, ist das Leben nicht schön. Ich war jetzt wegen Schwarzfahren ein Vierteljahr im Gefängnis. Den Strom hat man mir gesperrt, weil ich nicht mehr zahlen konnte. Ich bastle, koche und schlafe hier.»

Alois W., 55, Kranführer
Katharina W., 52, Hausfrau

«Wir haben uns selbst ein Haus gebaut, damit wir ein Heim haben und daß wir sagen können, wir haben es geschafft. Wir sind noch nie in Urlaub gefahren. Früher mußten wir am Haus arbeiten, jetzt wollen wir endlich genießen, was wir uns erarbeitet haben.»

Heinrich M., 42, Maurer

«Mich interessieren nur große Bauten, das gibt Arbeit für mich. Kleine Häuser interessieren mich nicht.»

Sophia M., 44, Arbeiterin

«Wir wohnen in einem großen Neubauviertel. Am Anfang fiel es mir schwer hier zu wohnen. Viele Leute im Haus grüßen nicht mal. Zwischen den Häuserblocks müßte mehr Kulturelles geschehen.»

Johann S., 69, Rentner

«Ich bin ein bißchen ein Sonderling. Ich habe den Ehrgeiz, in meinem Alter noch die Konzentration zu haben, es mit jedem Jungen beim Modellfliegen aufzunehmen.»

Antoinette S., 47, Hausfrau, 8 Kinder
Ehemann Hilfsarbeiter

«Wir können uns keine andere Wohnung leisten. Ich und mein Mann schlafen im Wohnzimmer.»

Marika M., 22, Hausfrau
Irene B., 26, Hausfrau

«Eine Wohnung wäre schon schön, aber wir sind ja von Geburt an daran gewöhnt, im Wohnwagen zu wohnen.»

Edeltraut S., 21, Hausfrau, 4 Kinder
Ehemann Hilfsarbeiter

«Wir wohnen hauptsächlich in der Küche. Ich verliere nie die Nerven. Wenn die Kinder mich ärgern, kriegen sie eins auf den Arsch und kommen in ihr Zimmer.»

Gottfried E., 54, Rentner

«Wir treffen uns fast täglich. Unsere Familie hält zusammen.»

Franz P., 42, Zimmerer

«Mein Sohn und ich treiben Sport. Ich trainiere zweimal die Woche und habe schon den Ehrgeiz, den Zeitpunkt so weit wie möglich rauszuziehen, bis mein Sohn besser ist als ich.»

Zenta P., 41, Plastikwerkerin

«Bloß immer zu Hause sein möchte ich nicht. Ich würde zwar gerne weniger Stunden arbeiten, aber das ist nicht möglich.»

Plazidus S., 50, Bauer

«Früher ging man am Sonntag nach der Kirche zu Fuß nach Hause. So konnte man mit den Leuten reden. Heute fährt jeder mit dem Auto. Die Dorfgemeinschaft zerfällt.»

Judith S., 55, Bäuerin

Marianne H., 51, Landwirtin, Töchter Elisabeth und Margarethe
Peter Gonne H., Landwirt

«Man muß schon etwas großzügig sein, um so ein großes Haus zu bewirtschaften, denn wir wollen ja hier leben.»

Luise B., 54, Bäuerin
Matthias B., 54, Bauer, Bürgermeister

«Es ist sicher, daß der Besitz in der Familie bleibt, auch wenn er nicht bewirtschaftet wird. Unsere Tochter hat den Medizinberuf gewählt, hat aber trotzdem Interesse an der Landwirtschaft.»

Anna S., 77, Bäuerin

«Schon längst wollte ich mich fotografieren lassen, weil ich nicht einmal ein Foto für ein Sterbebildchen hab.»

Anton S., 44, Bauer
Georg S., 47, Bauer
Johann S., 46, Wagner
Anna S., 77, Bäuerin

«Ich hätte gern, daß eine junge Frau ins Haus kommt. Ich weiß nicht, wie es einmal weitergehen soll, wenn ich nicht mehr da bin.»

Magdalene G., 85, Altbäuerin

«Früher war dieses Zimmer noch stilechter eingerichtet, aber ich habe bereits meinen Kindern Sachen und Möbel gegeben. Ich war schon immer diejenige in der Familie, die die Tradition gehütet hat.»

Johann-Baptist S., 78, Bauer

«Ich habe sechs Kinder großgezogen, aber im Alter bin ich doch allein. Keiner will mehr die Arbeit hier machen.»

Hans Heinrich A., 45, Landwirtschaftsmeister
Maria A., 40, Hausfrau

«Diese Trophäen sind eine Erinnerung an mehrere Generationen. Dieses gehört einfach zu unserem Besitz. Die Möbel haben wir angepaßt. Für uns ist eine moderne Einrichtung zu kalt.»

Hannelore P., 30, Hausfrau, 5 Kinder
Ehemann Schrotthändler

«Ich warte schon lange auf eine andere Wohnung. Das Klo ist auf dem Flur, das müssen wir mit den Nachbarn teilen. Das Bad ist drei Häuserblocks weiter.»

BILDER — ZWEI

Bankangestellte · Bauingenieur · Bürgermeister · Einzelhandelskaufmann · Fluglotse · Fluglotsin · Fremdsprachenkorrespondentin · Gemeinderat · Gemeinderätin · Hausfrau · Jurist · Kommunalpolitiker · Lehrerin · Leitender Angestellter · Marktforscherin · Ministerialrat · Musikprofessorin · Oberstudiendirektor · Pfarrer · Polizist · Redakteur · Rentnerin · Sachbearbeiterin · Stadtrat · Stadträtin · Studentin · Studienassistentin · Studiendirektor · Verwaltungsangestellter · Verwaltungsjurist

Fritz B., 56, Bauingenieur, Gemeinderat

«Ich habe in der Zeit als Bürgermeister das Gesicht meiner Gemeinde mitgeprägt und durch meinen persönlichen Einsatz deren Eigenständigkeit erhalten.»

Gisela B., 46, Hausfrau

«Wenn die Kinder im Bett sind, genieße ich es, *ich* zu sein.»

Dr. Michael T., 45, Leitender Angestellter in der Industrie
Christina T., 39, Hausfrau

«Unterm eigenen Dach mit der Familie bin ich am liebsten.»

Eleonore S., 39, Einzelhandelskaufmann

«Wir haben viel Besuch. So wollten wir einen Raum haben, der speziell für die Gäste da ist.»

Günter G., 42, Redakteur

«Ich gehe möglichst auf keine Partys und in keine Neubauwohnungen.»

Gertraud G., 39, Marktforscherin

«Wir leben in den Tag hinein.»

Ernst F., 38, Polizist

«Die Kinder sind Salz und Pfeffer einer Ehe. Ohne Kinder wäre eine Ehe leer.»

Hanni F., 36, Hausfrau

Ladislaus W., 47, Bürgermeister

«Ich fühle mich der Mitte zugehörig, in meinem Denken, Handeln und meinen politischen Ansichten. Ich mag keine Extreme.»

Rosita W., Fremdsprachenkorrespondentin

«Seit mein Mann Bürgermeister ist, findet unser Privatleben fast nur noch am Wochenende statt.»

Josef W., 51, Pfarrer

«Ich bin sehr selten zu Hause, so reicht mir dieser Raum. Er ist mein Wohn- und Arbeitszimmer.»

Shareon S., 30, Lehrerin, Studentin

«Ich realisiere meine Träume. Ich entwickle mich und wachse ständig.»

Inge H., 53, Hausfrau, Stadträtin

«Wir wohnen hauptsächlich in der Wohnküche. Hier sind wir nur, wenn wir arbeiten oder in Ruhe lesen wollen.»

Robert N., 40, Verwaltungsangestellter, Stadtrat

«Wer zu mir in die Wohnung kommt, muß sich nach mir richten.»

Helga N., 40, Hausfrau

Dr. Josef H., 52, Oberstudiendirektor

«Ich schreibe Bücher. Je älter ich werde, desto mehr habe ich das Bedürfnis, mein Wissen und meine Erfahrungen, die ich gemacht habe, oder glaube gemacht zu haben, den Jüngeren weiterzugeben.»

Irene H., 47, Hausfrau

«Seit die Kinder da sind, habe ich einen leichten Schlaf. Auch jetzt, da sie groß sind, höre ich immer, wenn sie nach Hause kommen.»

Dr. Hans Peter U., 35, Jurist, Stadtrat

«Früher dachte ich, es geht in der Politik um die Sache. Jetzt stelle ich fest, daß dafür nur zehn Prozent der Kraft übrig bleibt. Neunzig Prozent der Energie wird verbraucht, um sich sein Revier innerhalb der Partei zu erkämpfen, zu erhalten und die Übergriffe abzuwehren.»

Karin D., 30, Studienassistentin
«Bindung und Selbständigkeit sind für mich kein Widerspruch.»

Apollonia J., 53, Sachbearbeiterin, mit Kindern André, Nina, Dorthe
«Bei uns ist es etwas chaotisch, weil wir sammeln.»

Gerlinde T., 36, Bankangestellte, Gemeinderätin

«Wenn mein Sohn schlechte Noten hat oder Schwierigkeiten in der Schule, habe ich manchmal ein schlechtes Gewissen, weil ich berufstätig bin.»

Valentina L., Hausfrau

«Es ist merkwürdig, vielleicht ein Tick. Aber es gehört zu meinem Wohnglück, daß ich mit Hilfe meiner Nachbarn ständig meine Möbel umstelle. Immer ein neues Bild, wie bei einer Reise.»

Rosa A., 75, Rentnerin

«So schön wie jetzt hatte ich es noch nie in meinem Leben.»

Dr. Franz F., 46, Ministerialrat, Stadtrat

«Wer in die politische Arena tritt, kann keine Rücksicht erwarten, auch nicht im persönlichen Bereich.»

Gabriele F., 39, Hausfrau

«Wir legen im Wohnzimmer mehr Wert auf Zweckmäßigkeit. Unsere Kinder dürfen darin spielen, auch wenn das Zimmer davon ramponiert wird. Wir legen keinen Wert auf Repräsentation.»

Karl-Heinz D., 44, Studiendirektor

«Unsere Kinder sollen mehr in der heimatlichen Umgebung aufwachsen und sie kennenlernen.»

Christine D., 39, Hausfrau

«Wir machen sehr viel zusammen. Das ist meiner Meinung nach das einzige Mittel, die Kinder an die Familie zu binden.»

Karin H., 27, Fluglotsin
Fred H., 28, Fluglotse

«Wir machen alles zusammen. Keiner hat das Bedürfnis allein zu sein. Wenn es sich nicht umgehen läßt, fühlen wir uns ein wenig verlassen.»

Harald H., 54, Verwaltungsjurist, Kommunalpolitiker

«Disziplin halte ich für wichtig, man darf sich nicht gehen lassen.»

Alwine H., 56, Musikprofessorin, Stadträtin

«Es gibt kaum noch politischen Mut. Kaum ist ein Politiker gewählt, schielt er in seinem Handeln auf die Wiederwahl. Es ist zum Kotzen. Das politische Ergebnis ist im Verhältnis zum Einsatz viel zu gering.»

BILDER — DREI

Abgeordneter • Apothekerin • Bischof • Bürgermeister • Fabrikant • Freischaffende • Geschäftsfrau • Geschäftsmann • Hausfrau • Hochschullehrer • Kaufmann • Konrektorin • Kulturreferent • Kultusminister • Kunsthändlerin • Landwirtschaftsminister • Malerin • Oberstudiendirektor • Vorstandsvorsitzender • Unternehmer • Unternehmerin • Zahnärztin

Dr. Ernst T., 71, Bischof

«Ich bin sehr viel unterwegs. Die Menschen erwarten einen ausgeruhten Bischof, der wie ein junger Gott aus den Fluten steigt. Deshalb bedeutet für mich Wohnen eine Zuflucht zum Ausruhen, zum Zu-sich-selbst-kommen.»

Prof. Dr. Dr. Rudolf R., 62, Fabrikant

«Leben besteht aus der Wechselwirkung von Bewegung und Ruhe.»

Inge R., Malerin

«Für mich besteht das Haus aus Wänden und diesen Platz brauche ich für meine Bilder.»

Dr. Ulrike W., Unternehmerin

«Ich bin klar denkend, rational, etwas nüchtern und zurückgenommen, vernünftig.»

Albert V., 57, Vorstandsvorsitzender

Bei der Einrichtung sind meine Frau und ich uns immer einig, bis auf die Bilder. Wir haben beschlossen, den modernen Raum mit alten Möbeln einzurichten.»

Josef E., 55, Landwirtschaftsminister

«Ich komme nur am Wochenende nach Hause, im Wahlkampf noch seltener, bestenfalls zum Wäschewechseln. Ich halte das ganz gut aus, dank meiner Frau, die für mich sorgt und mir keine Vorwürfe macht. Würde sie das tun, müßte man was ändern.»

Paula E., 54, Hausfrau

«Wir führen immer eine Flitterwochenehe. Seit wir verheiratet sind, leben wir getrennt. Ich kenne es nicht anders.»

Siegrid K., 30, Freischaffende

«Wohnen ist das Wichtigste in meinem Leben. Ich könnte auf Kleider verzichten, aber nicht auf schönes Wohnen.»

Peter S., Konsul, Unternehmer
«Alle guten Geschäfte, bei denen es um die Wurst geht, finden hier in der Wohnung statt.»

Dr. Winfried Z., Bürgermeister, Oberstudiendirektor

«Wenn ich nicht Politiker wäre, könnte ich mir vorstellen, daß Schreiben mein Beruf sein könnte. Manchmal träume ich von einem Bauernhof mit Kartoffelacker. Und nebenbei Schreiben. Wobei ich keine romantischen Vorstellungen vom Landleben habe.»

Inge F., 47, Hausfrau

«Vor vier Jahren haben wir hier mit nichts angefangen. Nach und nach haben wir uns wieder eingerichtet. Inzwischen hat sich ganz schön was angesammelt.»

Prof. Dr. Hans M., 47, Kultusminister, Hochschullehrer

«Wenn ich nervös und überreizt nach Hause komme, stimmen mich meine Frau und die Kinder wieder auf eine normale Voltzahl herunter.»

Adelheid M., 41, Hausfrau

«Mein größter Traum wäre ein großes Bauernhaus.»

Dr. Jürgen K., 38, Kulturreferent

«Ein gewisser Exhibitionismus ist notwendig.»

Vera K., 37, Konrektorin

«Vor 10 Jahren begannen wir, Jugendstil zu sammeln. Die Leute sagten, was stellt ihr euch für einen Kitsch in die Wohnung, aber wir fanden das schön.»

Bruno N., 71, Geschäftsmann
Käthe N., 71, Geschäftsfrau

«Nach Krieg und Flucht haben wir erstmal unser Geld in den Aufbau unseres Geschäftes gesteckt und dann erst das Wohnzimmer eingerichtet. Wir haben dann auch alles so gelassen.»

Hermann H., 67, Rechtsanwalt und Politiker

«Zum Einrichten hatte ich gar keine Zeit. Meine Frau hat das alles gemacht. Sie versteht es auch besser. Ich hab dann Ja und Amen gesagt.»

Theresia H., Hausfrau

«Früher war unser Zimmer einfacher eingerichtet. Nach und nach haben wir die Lieblingsstücke erworben.»

Ute H., 39, Hausfrau

«Mein Mann ist ein Juwel unter den Männern. Er ist der aufmerksamste Ehemann und Familienvater, den man sich vorstellen kann, er versucht mir jeden Wunsch zu erfüllen.»

Fritz H., 46, Unternehmer, Bundestagsabgeordneter

«Wenn meine Frau sich feministisch oder emanzipatorisch engagiert, ist die Scheidung fällig.»

Dr. Helmut R., 50, Abgeordneter, SPD-Landes- und Fraktionsvorsitzender

«Eigentlich hat meine Frau das Wohnzimmer eingerichtet, und ich habe es nur noch abgesegnet. Aber ich bin damit einverstanden und akzeptiere die Möbel, da ich gerne Holz mag. Das ist nur meine Zweitwohnung. Meine Hauptwohnung ist größer und repräsentativer.»

Walter Eckhard L., 53, selbständiger Kaufmann

«Besitz zu haben, schafft ein gutes, sattes Gefühl.»

Irmgard L., 52, Kaufmann

Christa Prinzessin von P., 43, Kunsthändlerin

«Ich sammle sehr viel Asiatika, so paßt mein Hund ‹Ming› gut zur Einrichtung. Ich habe ihn deshalb auch nach der Ming-Dynastie benannt.»

Elisabeth W., 57, Apothekerin

«Daß ich hier als alleinstehende Geschäftsfrau lebe, ist mir nicht an der Wiege gesungen worden. Ich hätte es mir anders vorstellen können. Aber ich bin eigentlich nicht unzufrieden.»

Dr. Christine L., 31, Zahnärztin

«Ich bin eine moderne Frau und liebe modernes Wohnen. Ich habe es geschafft, Beruf, Ehe und Kinder unter einen Hut zu bringen.»

BILDER — VIER

Buchhersteller · Filmemacher · Grafiker · Hochschullehrer · Kommunikationswissenschaftlerin · Kritiker · Lebenskünstler · Optikerlehrling · Privatier · Psychologe · Rechtsanwalt · Redakteurin · Rundfunk- und Fernsehjournalistin · Schauspieler · Schauspielerin · Schriftsteller · Schülerin · Sozialforscher · Stadträtin · Student · Studentin · Werbefotograf · Zeichnerin

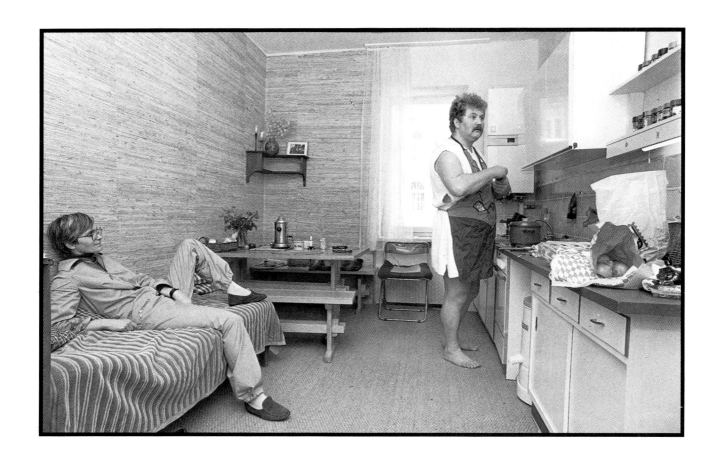

Martin S., 35, Schriftsteller und Schauspieler

«Ich bin ein Ernährungstyp und koche gern für andere Leute. Eigentlich ist das Kochen für mich eine Krücke, eine psychische Therapie, ein Mittel zur Kontaktaufnahme, wenn ich andere bewirten kann.»

Sylvia S., 36, Schauspielerin, Redakteurin

«Ich habe in all den Jahren schon gut gelernt, Küchensklave zu sein und in dieser Richtung keinen eigenen Willen mehr zu entwickeln.»

Alexander K., 48, Rechtsanwalt, Filmemacher
«Ich brauche eine Wohnung, weil ich schlafen muß — ich brauche Platz für meine Bücher.»

Martin W., 53, Schriftsteller

«Im Wohnzimmer bin ich nur durch die Teppiche vertreten.»

Franziska B., Zeichnerin

«Ich habe eine gute Vorstellungskraft. Ich kann mir alles vorstellen, nur eines nicht: Hitler mit einer Frau im Bett. Die Eva Braun ist bestimmt zu kurz gekommen.»

Sigi S., 65, Schriftsteller

«Ich bin ein Pedant und halte große Disziplin. Manchmal artet es schon in Tyrannei aus, denn ich verlange dasselbe auch von meiner Umgebung.»

Ben W., 59, Schriftsteller

«Ich lebe allein, war noch nie verheiratet und habe auch keine Kinder. Ich bin in meinem Leben noch nie in Versuchung gekommen, meine Unabhängigkeit aufzugeben. Das Alleinsein muß man lernen und einer der Erfolge ist Selbstdisziplin, Müßiggang nicht ausgeschlossen.»

Anneliese F., Rundfunk- und Fernsehjournalistin, Stadträtin

«Ich bin ein romantischer Mensch. Im Beruf habe ich soviel mit der Realität zu tun, daß ich mich im Privatleben gern ein bißchen einkapsele.»

Elisabeth V., Schauspielerin

«Ich bin gut erzogen. Das ist be meiner Impulsivität wichtig. Ich bin intolerant, intelligent, manchmal auch ein bißchen chaotisch und schwermütig, kapriziös und eitel.»

Michael G., 23, zur Zeit Privatier und Taxifahrer

«Ich habe meine Wohnung so eingerichtet, daß ich weiß, hier wohne ich. Und die anderen Leute sollen das auch sehen.»

Karin H., 23, Optikerlehrling

«Ich versuche, mich selbst zu finden und mich abzugrenzen gegen andere Menschen.»

Harald G., 24, freischaffender Künstler

«Ich versuche, ein Leben zu führen, welches man den anderen als Alternative zeigen kann. Ein Leben ohne Konsumzwang.»

Irmi P., 33, Studentin

«Ich bin ein widersprüchlicher neugieriger Mensch und bin gern unterwegs.»

Harry S., 37, Zirkusunternehmer

«Hier weiß jeder, er wird gebraucht. Deshalb gibt jeder sein Bestes. Auch wenn wir uns manchmal fast die Köpfe einschlagen, wenn es drauf ankommt, sind wir wieder ein Arsch, ein Kopf und eine Seele.»

Mathias S., 19, Lebenskünstler
Michael S., 22, Lebenskünstler

«Ich bin ein Genußmensch, ich liebe Mädchen, Tiere, Musik und kreatives Arbeiten. Wir machen viel selbst, um autark zu werden.»

Manfred L., 40, Maler

«Meine Lebens- und Arbeitsaufgabe nach der inneren Stimme zu bewältigen ist mein Bestreben.»

Sigbert S., 36, Grafiker und Werbefotograf

«Man muß etwas verrückt sein, um die Normalität des Lebens zu ertragen.»

Klaus M., 31, Student

«Ich habe mich hier noch nie zu Hause gefühlt.»

Prof. Dr. Joachim K., 51, Hochschullehrer und Kritiker

«In einem so außergewöhnlichen Beruf wie dem meinen muß man eine innere Resistenz schaffen, sonst ist man nur noch ein Ergebnis von Saisonzufällen.»

Prof. Dr. Oskar N., 45, Hochschullehrer

«Ich habe die Neigung, privat sehr individuell und abgekapselt zu leben. Das ist für mich ein Grund, etwas dagegen zu tun. Jetzt lebe ich in einer Wohngemeinschaft.»

Monika N., 14, Schülerin

«Je mehr Spaß es macht, desto verbotener ist es.»

Norbert L., 28, Psychologe
Karl-Heinz B., 31, Sozialforscher
Otto F., 28, Buchhersteller
Regina B., 25, Kommunikationswissenschaftlerin

«Wir leben in einer Wohngemeinschaft.»

Norbert L., 28, Psychologe

«Ich lebe in einer Wohngemeinschaft. Zum einen aus praktischen Gründen, zum anderen um intensiven und dauerhaften Kontakt zu haben.»

Otto F., 28, Buchhersteller

«Eine Wohngemeinschaft ist für mich eine Hilfe zur gemeinsamen Bewältigung der Angst vor Einsamkeit und Alleinsein.»

Regina B., 25, Kommunikationswissenschaftlerin

«Eine Wohngemeinschaft ist für mich ein Mittel, meine Welt- und Lebensanschauung weiterzuentwickeln.»

Karl-Heinz B., 31, Sozialforscher

«Ich weiß nicht, sind wir in unserer Wohngemeinschaft eine Familie oder Nachbarn?»

Thomas T., 26, Journalist, Postbote
Irmi P., 31, Kunst- und Sportlehrerin, Studentin
Sabine B., 29, Diplom-Soziologin, arbeitslos
Monika H., 28, Magistra der Philosophie
Michel M., 34, Volksschullehrer, arbeitslos
Achim von P., 30, Theatermaler

«Was die Leute über uns denken und reden, ist uns gleichgültig.»

Ist die Wohnung ein Spiegel der Seele ihrer Bewohner? Ist das Wohnzimmer Ausdruck der kulturellen und zivilisatorischen Situation einer Gesellschaft, Nation oder Generation? Zu wohnen, wie «man» wohnt, «komplett eingerichtet» zu sein, sind offenbar Zwänge, von denen sich die meisten unserer Zeitgenossen kaum zu befreien vermochten. Sie sind den massiven «raumgestalterischen Einflüssen» marktbeherrschender Möbelhäuser und millionenfach verteilter Prospekte ausgesetzt.

Die Momentaufnahmen, der kurze Blick ins deutsche Wohnzimmer Anfang der achtziger Jahre, zeigen, wie schwer es ist, eigene Bedürfnisse und Wünsche statt der mehr oder minder freiwillig akzeptierten Normen zum Maßstab des Wohnens zu machen. So gleich wie ihre Wohnzimmer können Menschen eigentlich gar nicht sein. Zum «Wohnen» im Sinne von Leben und Lebendigsein sind «Wohnzimmer» offenbar nicht da. Unsere Großeltern zogen noch Schonbezüge auf und schickten die Kinder hinaus. Unsere Generation begnügt sich damit, so scheint es, nur noch die Kinder hinauszuschicken. Aber «gewohnt» wird in den «Wohnzimmern» wenig, vom Fernsehen einmal abgesehen.

Es gibt hoffnungsfrohe Ansätze. Bei meiner Reise durch deutsche Wohnzimmer, die mich von Lindau am Bodensee bis hin zur Halbinsel Eiderstedt führte, trat ich immer wieder in Zimmer, in denen die Normen durchbrochen waren, wo es eine intime Umgebung gab, eine intensive Mischung aus persönlichem Sammelgut, traditionsträchtigem Erbe, zweckdienlichem Hausrat und liebenswert Nützlichem oder Unnützem vom Sperrmüll. Es sind nicht viele, die so wohnen, sie sind aber überall zu finden, unter den sogenannten «Alternativen», den Künstlern, Arbeitern, Bauern, Angestellten und Selbständigen.

Die Momentaufnahmen aus deutschen Wohnzimmern sind auch Momentaufnahmen von den Menschen, die sie bewohnen. Sie stehen oder sitzen, wie sie in diesen Zimmern gesehen werden wollen, ohne Hilfestellung des «Eindringlings». Ihre Äußerungen sind spontane Mitteilungen «zur eigenen Person», die Berufsbezeichnungen sind so übernommen, wie sie genannt wurden.

Ist die Wohnung ein Spiegel der Seele ihrer Bewohner? Ja! Tapeten, Bilder, Schränke und Teppiche offenbaren die innere Haltung der Bewohner. Mitunter trat ich in die gute Stube und war zu Hause. Die Einrichtung strahlte Wärme aus, Kinderspielzeug lag herum, die Erwachsenen hatten Zärtlichkeit noch nicht verlernt. Kurzum: dort pulsierte Leben.

Konfession zur Nahwelt.

Was macht eine Wohnung zur Heimat?

Ein ziemlich düsterer Korridor, der zu einem Glasabschluß hinführte, ist der erste Einfall zum Stichwort «heimatliche Wohnung». Auf dem blankgebohnerten Linoleum ließ es sich auf wollenen Strümpfen so herrlich wie auf einer Eisbahn rutschen — was der Strümpfe wegen verboten war und wiederum den Genuß aufs kitzligste erhöhte, wenn man im Schuß an der Küche oder am Herrenzimmer vorbeiglitt, aus denen rechts die Mama, links der Papa hervortreten und einen angesichts der strafbaren Handlung am Kragen erwischen konnten. Das Herrenzimmer, Ort oft peinlicher Befragungen, war, gemessen am eigenen Zimmer und am Korridor, schon halbes Ausland. Der Salon, selten geöffnet, eine weitentfernte Welt der Erwachsenen. Auf einem empfindlichen rosa-violetten Teppich mußte man, bei erlaubtem Zutritt, im Gegensatz zum Korridor sogar in Strümpfen wandeln. In diesem Korridor stand außerdem, kurz bevor er einen Knick ins absolut Dunkle machte, ein Ungetüm von Schrank. Er war stilistisch verwandt mit jenen burgartigen Häusern, die in Universitätsstädten heute wieder ihrer ursprünglichen Bestimmung dienen, Korpsstudenten zu beherbergen (wer weiß, vielleicht zu beheimaten). Er muß, betrachte ich ihn, der mir heute noch so vor Augen steht, als wäre ich gerade aus ihm hervorgekrochen, ein abscheulicher Koloß gewesen sein. Was tat es? Wir hatten die Aufgabe, seine knarrenden Türen lautlos zu öffnen, um hinter eingemotteten Plumeaus zu verschwinden, und es war der Spannung höchster Genuß, wenn die suchenden Hände im Halbdunkel sich zu uns herantasteten.

Genug der Impressionen, unentbehrliches Hilfsmittel, wo es um Empfindungen geht; Heimat ist gewiß kein objektiver Tatbestand. Vielmehr läßt mich eine Fülle von Empfindungen mit einem Ort, einer Landschaft heimatlich verbunden sein, weil ich in ihr und vornehmlich in meiner Wohnung mitmenschliche Erfahrungen gemacht habe, die mein Leben bestimmt — und waren es gute Erfahrungen oder wenigstens überwiegend befriedigende —, es glückhaft bestimmt haben.

So wird es nicht gelingen, auch nur entfernt alle die Umstände und Gefühle zu bezeichnen, die für eine Steigerung des bloßen Hausens, Wohnens, Schlafens, Essens zum genußvoll heimatlichen Wohnen unerläßlich sind. Wir können deshalb nur von einigen Hauptkomponenten sprechen, und es wird viel gewonnen sein, wenn wir sie in eine Rangordnung bringen. Die Auffassung, die ich auf die Frage, was eine Wohnung zur Heimat macht, vorschlage, läuft darauf hinaus, daß es nicht schöne Möbel, nicht weiche Teppiche, nicht große Zimmer, nicht helle Fenster, nicht Lage und Kunst des Architekten in erster Linie sind, die darüber entscheiden, denn ich habe das alles schon in idealer Kombination gesehen, ohne mich davon überzeugen zu können, dieses Haus oder diese Wohnung seien für irgend jemanden zur Heimat geworden. Vielmehr vollbringen diese Steigerung nach meiner Ansicht die menschlichen Beziehungen, die an einen Ort geknüpft sind.

Wenn wir das Wort «Heimat» in unserer Frage betrachten, so hat es ohne Zweifel eine positive Tönung. Sie sei nicht bestritten. Aber wir müssen uns doch immer wieder in Erinnerung rufen, daß alle Gefühlsgestalten, wie eben Heimat, oder Mutter, in höchstem Maße ambivalenter Natur sind. Stellen wir die Frage, was eine Wohnung zur Heimat macht, so denken wir, weil wir einem Bedürfnis unseres Sentiments unterliegen, zuerst an den positiven

Gehalt des Wortes. Es deutet aber niemals eindeutig Positives an, sondern im besten Fall dessen Überwiegen. Das Beengende, das Fesselnde, formlos Grobe, geheim Quälsüchtige steckt — wie immer gemischt — auch in den Falten der Erinnerung, wo das Wort «Heimat» nicht mit Verein oder Kunst oder ähnlichem verbunden auftritt, sondern in erster Linie den Herkunftsort bezeichnet. An ihn knüpfen sich alle jene zwiespältigen Erinnerungen, die der eine sich sehnsuchtsvoll zurückwünscht, an die der andere aber vielleicht gar nicht erinnert werden mag. Er hat, was einmal Heimat war, endgültig verlassen müssen. Und doch, so wünscht man sich, sollen die Gefühlsbeziehungen ihre Konstanz in den positiven Gefühlen haben. Dann werden wir uns gerne erinnern; zudem verlieren wir dann unsere Fähigkeit, uns beheimaten zu können, im Laufe unseres Lebens nicht zu früh. Wir lernen es dann auch, unsere Zelte anderswo aufschlagen zu können. Wer nie die Grunderfahrung einer Umwelt hatte, in der er sich aufgehoben fühlte, entwickelt diese Fähigkeit, Erfreuliches zu entdecken, kleine Freundschaften zu entwickeln, kurz, diese Leichtigkeit im Umgang später nur mit Schwierigkeiten. Denn um sich beheimaten zu können, bedarf es doch einer Verzahnung mit der menschlichen Umwelt insbesondere; ich will mich niederlassen, und die andern müssen mir den Platz dazu mit freundlichen Gefühlen abtreten.

Es ließe sich die Definition wagen, daß eine Wohnung durch diese Verzahnung mit der Mitwelt zur wirklichen Heimat wird und es bleibt, solange es nicht nur Gewohnheiten sind, die mich in sie zurückführen, sondern die lebendige Unabgeschlossenheit mitmenschlicher Beziehungen, die Fortsetzung des gemeinsamen Erfahrens, Lernens, mit anderen Worten: eine noch offene Anteilnahme am Leben. Wo ich diese Mitmenschlichkeit finde, teilt sie sich dem Ort und seinen Gegenständen mit, entsteht so etwas wie eine gemütliche Atmosphäre.

Natürlich bin ich sehr in Gefahr, als kleinbürgerlicher Banause mit kurzem, trockenem Ton von einem aktivistischen Mitglied dieses in seinen Liebeshoffnungen so oft enttäuschten und darum sich kaltschnäuzig gebenden, von Zonen der Ungemütlichkeit übersäten Zeitalters attackiert zu werden, wenn ich dieses vulgäre Reizwort «gemütlich» auch nur ausspreche. Die Exzesse der organisierten Gemütlichkeit, diese urdeutschen Seelenwallungen, sollen auch gar nicht verteidigt werden. Dem Psychologen fiele es zudem nicht sonderlich schwer, die von Gemüt durchwirkte Gestaltung der Umwelt als Anzeichen eines guten affektiven Rapports im sozialen Feld zu bezeichnen und auf das Wort «Gemütlichkeit» überhaupt zu verzichten. Es soll daraus kein Streit zwischen nationalen Belangen und wissenschaftlicher Universalsprache werden. Diese sprechen wir ohnehin den ganzen Tag; die Gefahr ist unverkennbar, daß dabei lokal gelungene Errungenschaften des Daseins, Aspekte des Glücks, verloren gehen, weil das Vokabular uns gar nicht mehr an ihre Existenz erinnert. Jedenfalls wird unsere Sprache darum beneidet, daß sie das Wort «gemütlich» erfunden hat.

Unzweifelhaft gibt es gemütliche Wohnweisen überall in der Welt, wo die Gunst der Umstände einen kleinen Lebensspielraum oberhalb der Fristung des kulturellen Existenzminimums gelassen hat. Die Requisiten dieser Gemütlichkeit freilich sind ganz verschieden. Man kann nicht sagen, was immer sonst an arbeitsersparenden Vorzügen unsere Nachkriegswohnungen haben mögen, daß sie in puncto Raum dieses Existenzminimum überschritten. Klammern wir die nach dem Kriege in zügiger Aufwärtsbewegung wirtschaftlich Wiedergenesenen aus — viele der neuen Villenbesitzer also —, nehmen wir den Mittelbürger (aus Arbeiter- und Angestelltenstand, aus Handwerk und viele Akademiker), also gerade die, welche den traditionellen deutschen Anspruch auf Gemütlichkeit haben, so finden wir sie in arg bedrängten Verhältnissen.

Eine Epoche erweist sich an jedem beliebigen Querschnitt, den man durch sie legen mag, als nicht einzeitig, sondern als *vielzeitig*. Die Raketen, die gebaut werden, sind Vorläufer eines historischen Morgen; die Autos und Rasierapparate, der Supermarkt sind von heute; die Eigentumsdiktatur auf dem Wohnungsmarkt ist tiefstes Vorgestern, in seinen kapitalistischen Wonneträumen ungestörtes 19. Jahrhundert. Was hier gebaut und vermietet wird, und zu welchen Preisen, und mit welcher Lieblosigkeit, das spiegelt in groteskem Trauerspiel die Störung im Verhältnis von Angebot und Nachfrage. Die Überzeugung, daß dieses Regulationsprinzip der Ökonomie eine Einsicht nahe den göttlichen Geboten darstelle, zeigt sich auch dann noch unerschüttert, wenn der werktätige Teil der Nation so miserabel behaust ist, daß die Gemütlichkeit längst aufgehört hat, und die Wohnungen, die man auf dem Markt offeriert, nur deshalb mit Heimat verwechselt werden können, weil der Mensch schließlich einen Platz braucht, um einige seiner dringendsten Vital- und Triebbedürfnisse zu befriedigen; er besiegt auch noch sehr menschenfeindliche Umwelten. Dabei tut sich, wie Grete Meyer-Ehlers* treffend bemerkt hat, der nach traditionellen Wohngewohnheiten und nach einem individuellen Stil suchende Mieter besonders schwer. Das «konformistische Wohnverhalten (wird) von einer ständigen Anpassung an die Umwelt geprägt»; man paßt sich dabei auch dem monotonen Wohnsilo an. Aber diesen Konformisten, der die Einrichtung wie die Meinung, die er gerade hat, in erster Linie als Ausdrucksmittel seiner Angepaßtheit, seines Sozialstatus betrachtet, haben wir in Verdacht, in seiner Beziehungsfähigkeit zu Dingen und Menschen ziemlich beschränkt zu sein; er ist möglicherweise jemand, dessen Sicherheits- und Bekanntheitsbedürfnisse ganz anders vermittelt werden — etwa durch Angleichung an Konsumstandards — als bei einem Menschen, der mit *seinen* Dingen, seinen von ihm entdeckten Besitztümern, es können wenige sein, sich einrichtet, ansässig wird, sein Territorium gestaltet. Dieser Mensch ordnet den allgemein üblichen Stil seinem persönlichen Bedürfnis und Ausdruckswunsch unter, was wiederum das Ausdrucks*vermögen* schult.

Was macht die Wohnung zur Heimat? Aus der Frage ist also herauszuholen, daß der Zynismus billig ist, Heimat sei all das, woran man sich gewöhnt habe. Wenn wir sagten, es sei bei aller Ambivalenz die glücklichere Stufe des Daseins, wenn ich mit Heimat mehr angenehme als enttäuschte Empfindungen verbinde, so sehen wir uns heute einer Situation gegenüber, die uns in arge Verlegenheit setzt. Es geht ganz einfach um die Frage, ob aus dem Wort «Heimat» auf dem Weg zu einer völlig neuen Sozialstruktur ein Leerwort, ein Wort ohne Erfahrungsgehalt wird. Das hätte zur Folge, daß sich ein neuer Typus Mensch entwickeln würde, dem genau das

---

* Grete Meyer-Ehlers (et. al.): *Wohnerfahrungen*. Wiesbaden-Berlin (Bauverlag GmbH) 1963, z. B. S. 150ff.

fehlt, was wir psychologisch als ein Reifungsmerkmal ansehen, nämlich die konstanten Objektbeziehungen, die dauerhaften Beziehungen zu Menschen und Dingen. Diese geben seiner Umwelt erst Konstanz und rückläufig auch dem Menschen selbst. Gute Objektbeziehungen verstärken demnach auch meine Identität; das heißt, mein Gefühl, mir selbst gegenüber kein Fremder, sondern ein Mit-mir-bekannt-Gewordener zu sein. Der Stil des von außen, vom gegenwärtigen Verhaltens- und Konsumstil wehrlos Abhängigen — wie David Riesman diesen Habitus beschrieben hat — ist ein Stil oberflächlicher Objektbeziehungen, einer flachen Identität. Deshalb hinterlassen Erfahrungen im Umgang mit Menschen und Dingen, rasch auswechselbar wie sie sind, nur flüchtige Spuren. Es entwickelt sich statt der Identität die *Momentpersönlichkeit*.

Vielleicht müßte das alles nicht so sein, wenn wir ein geschärftes Bewußtsein dafür entwickeln würden, auf welche Weise wir den jeweilig herrschenden Typus, den «Mittelbürger», den Angestellten, wenn ich an unsere Epoche denke, hervorbringen.

Es gibt noch eine Möglichkeit, wie man anschaulich machen kann, daß es zur Beheimatung in erster Linie auf befriedigende zwischenmenschliche Beziehungen ankommt. Ich muß dazu nur auf eine, wie mir scheint, unendlich häufige pathologische Form des Wohnens hinweisen. Sie ist spezifisch zentraleuropäisch, national-pathologisch, dort aber so verbreitet, daß jedermann weiß, worum es sich handelt, wenn ich sie «Wohn-Fetischismus» nenne. Es sind all die Fälle, in denen anstelle geglückter Beziehungen von Person zu Person in der Familiengemeinschaft Dinge getreten sind; alle die leblos geputzten Zimmer mit den aufgereihten Kissen auf der Sitzbank, an der Oberkante eingedrückt, was der unvergessene Ernst Penzoldt den exakten Nackenschlag genannt hat. Hier findet das große Geschrei statt, wenn ein Kratzer entdeckt wird und eine Dutzendvase einen Sprung aufweist. Es ist eine Fama, zu glauben, daß dieser Fetischismus, dieser unglückliche Versuch, aus Sauberkeit und Ordnung Glück zu gewinnen, ein Privileg der Frauen sei. Nach meinen Beobachtungen ist die Emanzipation durchaus soweit rückläufig, daß ebenso viele Männer dieser Perversion verfallen sind. Das Wort Perversion, das möchte ich ausdrücklich betonen, ist hier nicht als Metapher oder sonstwie leichthin verwendet. Es stellt vielmehr eine Diagnose dar. Perversionen von der Art des Fetischismus treten überall dort auf, wo die Affektbeziehungen zwischen Menschen sehr früh und tief gestört wurden, wo anstelle eines geliebten lebendigen Menschen ein Attribut, eben der Fetisch tritt. Es hieße die Augen vor der unangenehmen Wirklichkeit schließen, wollte man nicht zugestehen, daß die blitzende Sauberkeit bei uns nur allzuoft in Tyrannei umschlägt. Als mir Londoner Freunde ihr soeben erworbenes Haus zeigten und wir drei oder vier Stockwerke geklettert waren, überschlug ich schnell, daß der Haushalt aus vier Personen bestand. Deutsche mittelbürgerliche Verhältnisse gewohnt, kam mir das Haus viel zu groß vor. Ich fragte vorsichtig: «Ist es nicht viel Arbeit, das alles sauber zu halten?» — «Sauber?» sagte mein Hausherr, öffnete eine neue Tür, ich sah, wie gerade noch ein Koffer, der neben anderen mitten in einem leeren Zimmer stand, sich scheinbar selbsttätig schloß. «Sauberkeit», meinte er, «das ist ein skandinavischer Aberglaube.» Ehe ich zu versichern vermochte, daß dieser Dämonenbefall mindestens bis in die alemannisch besiedelten Alpen hinein als eine Art Volksseuche festzustellen sei, öffneten sich die Koffer, und mit Geschrei stürzten die als Gespenster verkleideten Kinder des Hauses und deren Freunde aus ihnen hervor.

Ich spreche vom Wohn-Fetischismus in einem leicht karikierenden Ton, um den Leser nicht allzu sehr zu verletzen. Er kann sich dann immer noch andere, die es noch schlimmer treiben, vorstellen. Die Sache selbst ist jedoch arg. Hier liegt die Tragödie manches deutschen Kindes begründet, das zu Hause nie eine Heimat finden konnte, und dazu noch den Preis zu bezahlen hatte, selbst in diesen Wohn-Fetischismus, selbst in die Perversion der Ordnungssucht gedrängt zu werden, statt eine lässigere, freundlichere Umgangsform mit Erwachsenen pflegen zu dürfen, wo immer seine und deren Wege nicht unbedingt reibungslos sich kreuzen. Wohin aber sollte es eigentlich ausweichen? Denn das Spielzimmer, eine Rumpelkammer, der staubige Dachboden mit den gurrenden Tauben — das ist längst Legende bei monatlichen Mietpreisen pro Quadratmeter von 5 Mark* aufwärts. Wohin soll es? Da gibt es kein altes Bett, das irgendwo vergessen herumsteht und das man insgeheim zu Tode hüpfen kann, kein Fleckchen, auf dem Spielzeug einmal über Nacht und, wenn nötig, über eine Woche unaufgeräumt liegen bleiben kann, ohne daß es irgend jemand im Wege ist. Wohin soll dieses Kind? Auf die Straße? In den sorgfältig abgegrenzten und gepflegten Gärten kann es doch auch nicht spielen; was im Hause fetischistisch behütet wird, wird natürlich auch vor und hinter dem Haus praktiziert. Ist es da eigentlich verwunderlich, wenn neulich ein ehemaliger SS-Jurist uns von dem Konzentrationslager, in dem er tätig war, das Bild von glattgeharkten Gartenwegen mit Blumenrabatten entwarf? Ich bin überzeugt, daß er nicht gelogen hat und daß man aus eigener Kindheitsdressur sich dem Gedeihen sauber sortierter Blumen in Auschwitz oder Treblinka mit aufrichtiger Affektion widmete.

Wir können jetzt der Antwort auf die Frage nicht länger ausweichen, was eigentlich die Entfaltung menschlicher Freundlichkeit im engen Kreis der Familie fördert oder nachdrücklich hindert. Die Vorbehandlung, die wir alle erfahren haben, die erzieherische Formung, der Affekthabitus in der eigenen Kindheit kann wie selbstverständlich eine glückliche Beheimatung oder ebenso selbstverständlich und definitiv ein höchst ungemütliches Daheim erzeugen. Ein Fetischist, das wissen wir, ist schwer dazu zu bringen, seinen Fetisch wieder gegen ein lebendiges Liebesobjekt einzutauschen. Er schafft von neuem, was ihm in der Kindheit aus der Identifizierung mit den erwachsenen Leitfiguren erstrebenswert schien: er erzieht einen neuen Fetischisten. Rutschte ein solcher Wohn-Fetischist plötzlich in eine um zwei Nummern zu große Wohnung, er arbeitete sich eher zum Nervenwrack, als daß er die Hälfte des Raumes ungeniert abseits ließe, bis er ihn tatsächlich brauchte.

Erzieherische Tradition kann, wie wir sehen, als Gift gegen Gemütlichkeit, Lässigkeit wirken und keine Kraft für Heiterkeit übrig lassen; für eine Wohnlichkeit, die dadurch entsteht, daß die Dinge Spuren des Gebrauches, des Dienstes, den sie tun, aufweisen und daß das im Stil des Hausens gestattet ist, ohne daß man im Fettfleck an der Wand und in der lädierten Tasse

---

* Dieser Text wurde 1965 geschrieben.

unter Gästen eine Prestigeeinbuße zu befürchten hätte, oder darin selbst eine Minderung des Status mittelbürgerlicher Perfektion erblickte.

Zunehmend wird aber deutlich, daß diese Engigkeit, diese Rigidität, diese Penibilität dem Meublement gegenüber — man kann sich zur Beschreibung dieser Haltung gar nicht geschraubt genug ausdrücken — eine ihrer aktivsten Motivationen in diesem engen Eingeklemmtsein hat — erst war es räumlicher, schließlich wurde es seelischer Natur —, und zwar deshalb, weil das kindliche Autonomiestreben frühzeitig in der räumlichen Enge dem aus rationalen und irrationalen Elementen gemischten Ordnungszwang zum Opfer gefallen ist.

Da sind wir wieder beim überflüssigen Raum, der eben Architekten hierzulande ein Greuel und uns unerschwinglich geworden ist. Bevor wir diese unersetzliche Voraussetzung für gemütliches Wohnen betrachten, nur — weil es so tief gegen die deutschen Tabus, gegen die Ehre der deutschen Hausfrau, verstößt — noch einmal die Feststellung: Wohn-Fetischismus, übertriebene Haushaltspflege schafft Ungemütlichkeit, ist eine zu unser aller Unglück in eine Tugend umgedeutete Krankheit: die Krankheit nämlich, mit menschlichen Kontakten nicht ins klare zu kommen und statt dessen reine Böden zu schaffen.

Unsere Betrachtungsweise, das wird deutlich geworden sein, ist nicht die des Fachmanns im Sinne des regionalen Stadtplaners, des Architekten oder «Heimgestalters»; sie versucht vielmehr, am Beispiel des Wohnverhaltens ein Stück menschlicher Naturkunde zu geben und zu untersuchen, welche Einflüsse dieses Verhalten bestimmen. Wir sehen in der Wohnung die *biologische* Schutz- wie die *sozio-kulturelle* Ausdrucksfunktion. Im menschlichen Eigenterritorium sind beide nicht voneinander zu trennen. Wenn wir nun also einem zureichenden Wohnraum für die Beheimatung eine fast ebenso große Bedeutung beimessen wie dem affektiven Gruppenklima, das eben von der Bedrängnis unter den heute gegebenen Umständen nicht unerheblich beeinflußt wird, dann ist es vielleicht nicht ungeschickt, diese Raumfragen anhand eines Gegenargumentes weiter zu verfolgen. Es würde etwa folgendermaßen lauten: Sie behaupten, daß eine überaggressive Charakterentwicklung, wie wir sie von vielen Bewohnern beengter, übervölkerter Städte oder Stadtbezirke kennen, aus der Enge des Wohnraums, der Ausweglosigkeit im buchstäblichen Wortsinn herrührt. Man hat keine Ausweichwege, wenn man aneinander zu geraten droht, es gibt nur noch das aggressive Vorwärts. Wie kommt es dann aber, daß die Bewohner ländlicher Gegenden, in denen keine räumliche Beengung das kindliche Unabhängigkeitsstreben hemmte oder die kindlichen Phantasien allzu früh auf die manipulierbaren Illusionsmittel der Massen hindrängte — wie kommt es, daß diese Menschen nicht weniger als die Stadtbewohner kollektivem Aggressionswahn, zum Beispiel dem nazistischen, verfallen sind? Man sollte doch meinen, wer so viel räumliche Freiheit hatte wie ein Dorfkind, der müsse nicht ausziehen, um anderen Land und Leben zu nehmen.

Ist man überhaupt bereit, den Kindheitserfahrungen eine unter Umständen das ganze weitere Leben lenkende oder beeinflussende Bedeutung für die Charakterentwicklung zuzuschreiben, so ist dieser Einwand bedenkenswert genug. Er zeigt nämlich, wie vorsichtig wir bei allen Aussagen über Motivationszusammenhänge sein müssen, die menschliches Verhalten beeinflussen. Es ist deshalb unerläßlich, sein Bewußtsein dafür zu schärfen, daß der gleiche Tatbestand in verschiedenen Gesamtsituationen — etwa dem Leben einer Dorfgruppe oder einer Stadtgruppe — völlig verschiedenes Gewicht erhalten kann. Die sozialen Konformitätszwänge des Dorfes können aus ihrer Eigenart heraus so viel Aggression speichern, daß weder der freie Auslauf der Kindheit noch die zu kurz geschulte Intelligenz in der Lage sind, ausreichende Entspannung zu bieten. Andererseits ist der in zunehmend ausdrucksärmere Arbeitspositionen verbannte Städter, von dem ein hohes Maß an Arbeits- und Verkehrsdisziplin — also Unterdrückung der motorischen Bedürfnisse — verlangt wird, zu Hause auf ein Minimum von Spielraum und Rückzugsmöglichkeiten und auf das Angebot natürlichen Auslaufes angewiesen — also auf eine vernünftige Lokalisation seines Wohnraumes im Rahmen der städtischen Umgebung —, soll er emotionell im Gleichgewicht bleiben. Die Zwänge, die auf ihn wirken, sind recht verschieden von denen, die vor der permanent fortschreitenden Industrialisierung und Siedlungsballung «Gesellschaft» ausmachten; aber sie widerfahren ein und demselben Naturwesen Mensch, das sich seine Geschichte macht. Es ist anpassungsgewandt wie sonst kein Lebewesen, aber es will doch in allen Zeiten auf verschiedene Weisen die gleichen Bedürfnisse befriedigt haben, um die gleichen Glücksgefühle zu erfahren. Wo die persönliche Wohnwelt so eingeschrumpft ist, so zusammengestaucht ist wie beim Durchschnittsmenschen unserer Tage, muß alles, was das Minimum an Glücksmöglichkeiten von außen durch allzu große Pferchung stört, jene Charakterverformung befördern, die man (unscharf genug) *Vermassung* nennt, womit ein *hoher Grad von Schutzlosigkeit* im konformen Verhalten gemeint ist. Vermassung stellt aber keineswegs, wie oft behauptet wird, eine notwendige Folge des Daseins von Massen dar. Vielmehr ist sie das Produkt der Mißachtung biologischer Grunderfahrungen, die dem Menschen im Laufe seines Lebens zugänglich werden müssen, wenn es ihm gelingen soll, seinen Kopf in allen Stadien der Massenerregung obenzuhalten. Diese Grundbedürfnisse können durchaus auch gewahrt werden, wenn die Zahl der Lebenden wächst. Freilich geschieht eine derart sprunghafte Vermehrung der Bevölkerung nicht, ohne daß nicht auch eine Herausforderung an die kritische Vernunft zu einer adäquaten Lösung ihrer Lebensprobleme gestellt würde. Was mit der Zahl mitwachsen muß, ist also das kritische Bewußtsein, das Bewußtsein für die Problematik der Lage. Ich nenne es deshalb eine durchaus im Geiste schwache, der Situation gar nicht gewachsene Lösung, Wohnung in einem Größenzuschnitt, in solcher ideenloser Aufreihung und mit so mangelhaftem «Nebenraum» für Spiele und Erholung, ohne lebendige Treffplätze, zu planen und zu bauen — von den inneren Mängeln abgesehen —, wie bei uns seit dem Kriegsende geschehen.

Ein gutes, zum Beispiel familiäres, Wohnklima läßt sich nur dort erreichen, wo zwei Bedürfnissen genügt werden kann: dem *Kontaktbedürfnis* der zusammen Hausenden — in einer heruntergekommenen, aber ursprünglich guten Sprachfloskel: dem geselligen Beisammensein — und zugleich dem *Bedürfnis nach Alleinsein*. Das heißt, eine Wohnung soll Sammelplätze und von den Teilnehmern einer Gruppe respektiertes Sonderterritorium des Einzelnen enthalten. Die Kunst, zu Hause zu sein, ist also an die seelische Verfassung der Bewohner ebenso wie an vernünftige Räumlichkeiten geknüpft. Eines bedingt das andere im Kreisschluß. Um noch einmal an den dämmrigen Korridor zu erinnern: zur Heimat wird ein allmählich dem Unheimlichen abgerungenes Stück Welt. Damit ist ein außerordentlich wichtiger Fortschritt in der individuellen Entwicklung bezeichnet, der von Angst zum Erlebnis von Angstlust führt, ohne die es keine Erkundung der Welt gegeben hätte. Für viele Menschen bleibt etwas von diesem Unheimlichen im Wohlbekannten erhalten; sie fühlen es beim Gang in den Keller oder beim nächtlichen Betreten der Wohnung.

Heimat hat aber noch einen Aspekt in sich: das Heimliche. Manch einem fallen dabei die Stimmungen von Glück und Verzweiflung ein, die er in seinem ersten eigenen Zimmer in der heimatlichen Wohnung durchmachte und die ihn zum ersten Mal fühlen ließen, wie sehr er Individuum, Einzelner und auch in manchem Einsamer bei allem Kontakt mit den anderen war. Wenn man diese beiden Pole: Heimlichkeit und Gemeinsamkeit, als Funktionspole einer Wohnung bezeichnet, so gerät der Anthropologe angesichts einer Vielzahl neugeschaffener Wohnungen in einen erheblichen Widerspruch zum Architekten.

Es hat sich doch etwas zugetragen, was den restaurativen Charakter, der in unserem Lande herrscht, sehr beispielhaft zeigt. Die Wohnung wird nicht zuerst unter dem Gesichtspunkt der natürlichen Bedürfnisse gesehen, denen sie zu dienen hat, sondern der Struktur unserer Gesellschaft entsprechend entweder unter Ausbeutungs- oder unter Prestigegesichtspunkten; sie demonstriert Herrschaft und Status. Die anderen, das heißt die kultur- und lebensnotwendigen Funktionen sind dem nachgeordnet.

Nebenbei: das ist ein Charakteristikum, an dem man eine auf innere Zukunft von einer auf innere Vergangenheit orientierten, mit anderen Worten: eine lebensvolle von einer entleerten, restaurativen Gesellschaft unterscheiden kann. Die Entwürfe der Architekten spiegeln hier zumeist naiv die starren, schon fast wieder kastengeprägten gesellschaftlichen Normen. Ein Mensch ist im Kommen, der nach den wenigen, um Individualität ringenden Jahrzehnten zu Anfang des Jahrhunderts sich selbst wieder ganz in Rollen und ihrer Erfüllung versteht. Es wäre ein Mißverständnis, zu meinen, wir würden bestreiten, daß die Wohnung immer auch als Medium der sozialen Mitteilung aufgefaßt wurde. Da gibt es feine Unterschiede. Bei uns könnte man das Sprichwort abwandeln: zeige mir deine Wohnung, und ich sage dir, wer du bist. Das gilt für die Länder, deren Geselligkeit sich weitgehend in den Privatwohnungen abspielt. In Frankreich, wo es zu den extremen Vertrauensbeweisen gehört, in die Wohnung eingeladen zu werden, ist die Sozialfunktion der Wohnung etwas anders artikuliert. Sie hat fast ausschließlich den Bedürfnissen der Bewohner, nicht deren Geselligkeit zu dienen. In England wiederum ist es der großstädtische Wohnbereich, «the adress», der mehr ins Gewicht fällt als die Ausstattung. Ohne Zweifel drückt sich darin auch ein Erstarrungszeichen, eine Entmischung der Sozialschichten aus. Das konformistische Ideal ist aber von der tradierten Klasse, nicht so sehr vom Konsumstandard abgeleitet.

In unserem Lande, dessen Möblierungskomfort an sich hoch ist, dessen Raumzuschnitt jedoch für den großen Durchschnitt — vor allem in den neugebauten Wohnungen — weit unter den natürlichen Minimalbedingungen liegt, muß sich ein Demonstrieren der Status-Rolle, wenn sie zu hoch gegriffen ist, besonders nachteilig auswirken. Ich denke dabei an die fixe Idee, jede Wohnung müsse einen großen «living-room» enthalten; er hat den alten Salon als Statussymbol abgelöst. In so beschränkten Verhältnissen ist er zu einer absurden Konvention geworden. Oft wird mehr als ein Drittel der Nutzfläche diesem Repräsentationsraum geopfert. Dann erinnert er an ein Fürstenzimmer ohne das Schloß im Hintergrund. Zur Geselligkeit, wenn sie nicht zu einem Rollenritual geworden ist, genügt ein Raum, nicht viel größer als die Zahl der gewünschten Sitzplätze. Wenn schon gespart werden muß, dann kann es unbesorgt hier geschehen, wo zwecklos verschwendet zu werden pflegt. Da die restlichen Räume dann oft so klein geraten und voneinander so unvollkommen abgeschirmt sind, daß man sie kaum als Rückzugsreservate nutzen kann, herrscht im großen Wohnraum jene permanente Stimmung der Gereiztheit, die ganz notwendig entstehen muß, wenn es den Bewohnern nicht möglich ist, *zwischen Sozialwesen und Individualwesen zu oszillieren,* weil der unphysiologische Grundriß sie daran hindert.

Gerade die Verteuerung des Wohnens und die als Konsequenz eingetretene Beschneidung der physiologischen Wohngröße (Symbol: jene platzsparenden Badewannen, in denen man sitzen muß wie in einem Hockergrab, statt sich wohlig zu entspannen) — gerade diese Mißstände zeigen, daß die Probleme der Massengesellschaft nicht mehr von den Fachleuten des jeweiligen Sachbereiches allein gelöst werden können. Viele der kulturellen Selbstverständlichkeiten der Zeiten vor der großen Menschenballung sind verloren gegangen und damit auch zum Beispiel Wohnbedingungen, welche einen Teil der Voraussetzungen für das Erlebnis Heimat und Freiheit boten. Wenn uns die kulturelle Reifung der Menschen unseres Landes ein erstrebenswertes Ziel ist, dürfen wir nicht geistlose Entscheidungen treffen, die bestenfalls domestizierte, dressatgehorsame Schmalspurexistenzen wachsen lassen. Geborgenheit, Heimat und Freiheit sind keine Himmelsgeschenke auf Dauer, sondern langsam sich verwirklichende Erfahrungsgestalten. In unserer Zeit gar nicht anders erreichbar als durch geduldiges Nachdenken über die Methoden, mit denen sich Menschen selbst als Sozialwesen gestalten; dabei wird sich herausstellen, was erreichbar ist und was unerreichbar wird oder bleibt. Gründe genug, über uns in unseren Wohnungen den Kopf zu schütteln.